Gesammelte Satiren, 1903 – 1913 (Band IV)

Politika

Alexander Otto Weber

AF284100

Alexander Otto Weber

Politika

Gesammelte Satiren, 1903 – 1913 (Band IV)

Aus dem Altdeutschen übertragen und mit Fußnoten versehen
von Steffen Schulze

Impressum

Bibliografische Information der Deutschen Nationalbibliothek:
Die Deutsche Nationalbibliothek verzeichnet diese Publikation in der
Deutschen Nationalbibliografie; detaillierte bibliografische Daten sind
im Internet über http://dnb.dnb.de abrufbar.

Lektorat: Steffen Schulze
Korrektorat: Steffen Schulze
Fußnoten: Steffen Schulze

© 2022, Alexander Otto Weber

Herstellung und Verlag: BoD – Books on Demand, Norderstedt

ISBN: 978-3756202751

Alexander Otto Weber (* 15. April 1868 in Dresden; † 13. Dezember 1939 in Berlin) war ein deutscher Schriftsteller.

Otto Weber war der Sohn des Industriellen Otto E. Weber. Der junge Weber besuchte das Köllnische Gymnasium in Berlin und das Realgymnasium in Lübben. Anschließend war er als Kaufmann in Hamburg und London tätig. Später übernahm er die Leitung des väterlichen Unternehmens. 1894 heiratete er eine Amerikanerin; 1896 wurde die Ehe geschieden; 1897 heiratete das Paar zum zweiten Mal, 1899 erfolgte die endgültige Scheidung. Nach dem Ausscheiden aus dem väterlichen Betrieb und einer von Geldsorgen geprägten Zeit begann Weber 1903 eine Karriere als freier Schriftsteller. 1910 heiratete er Antonie von Schoenebeck, die Witwe eines Offiziers, der 1907 von einem ihrer Liebhaber in der sogenannten Allenstein-Affäre getötet worden war. Antonie von Schoenebeck stand als Anstifterin vor Gericht, ihr Prozess endete aufgrund eingetretener Verhandlungsunfähigkeit ohne Verurteilung. Weber leitete in Berlin einen Verlag; 1927 heiratete er ein weiteres Mal. Nach der nationalsozialistischen Machtergreifung im Jahre 1933 standen einige seiner Werke auf der von den neuen Machthabern herausgegebenen „Liste des schädlichen und unerwünschten Schrifttums". 1939 starb er an Krebs mit Darmverschluss im Gertrauden-Krankenhaus in Wilmersdorf. Zuletzt lebte er im selben Bezirk in der Fasanenstraße 61.

Alexander Otto Weber war in erster Linie Verfasser von seinerzeit erfolgreichen satirischen Prosatexten und Gedichten; daneben schrieb er auch Kinderbücher und Theaterstücke.

Quelle: Wikipedia.de

Einige Kritiken der Presse über A. O. Weber:

Alexander Otto Weber ist ein feiner Satiriker. Ein Satiriker, der mit bezwingendem Witz und lustigen Peitschenhieben alles das trifft, was in unserem Leben eines liebenswürdigen Spottes wert. Man könnte fast unsern großen Wilhelm Busch über ihn vergessen oder vielmehr über den Tod unseres alten Humoristen getröstet werden. Weber ist der Meister der Satire, voller Geist und voll strahlenden Humors, er ist herzerwärmend und packt mit lachender Ironie Alltagsschwächen. Man wird bei seinen Werken warm und lacht, lacht Tränen.

National-Zeitung, Berlin

Weber versteht die Kunst, sehr interessant zu unterhalten. Sehr interessant! Auch pikant. Sehr pikant! Ein gut Stück Simplizissimusgeist steckt in diesen zwanglosen Reimen, viel auch von echtem erquickenden Buschichen Humor und reifer Lebensweisheit, die lachend auf die Torheiten der Menschen heruntersieht. Für Backfische und Stiftsdamen sind seine Bücher natürlich nicht bestimmt.

Leipziger Neueste Nachrichten

Ein neuer Band von A. O. Weber bedarf keiner Empfehlung, auch keiner Würdigung. Er ist ein Satiriker, bei dem sich Versmaß, Sprache und Behandlung zur gelungenen Einheit anpassen. Die Glanzstücke der neuen Sammlung zu nennen, erübrigt sich. Das hieße das Inhaltsverzeichnis von Anfang bis zu Ende zitieren.

Breslauer Zeitung

Alexander Otto Weber hat mit Demokritos, dem lachenden Philosophen, mehr als den Namen gemein. Auch ihm erscheint alles in philosophischer Heiterkeit und stets kommt er zum Schlusse: dificile est, satiram non scribere. Veni, vidi - - - risi könnte sein Wahlspruch sein. Jedes Liedchen ein kleines Kunstwerk! Jede Satire – ernst im Scherz!

Dr. Leo Wulff, Wien

Weber ist ein Meister, Gesellschaftstypen zu schildern. Seine humoristischen Vortragssachen sind von glänzender Schlagkraft.

Hessische Landeszeitung

Alexander Otto Weber ist so voll amüsanter Bosheit und auch voll scharfer Beobachtung, dass man sich gern von dem Schalk leiten lässt.

Richard Wilde, Berliner Börsen-Courier

Auch dieses Mal hat er uns ein ebenso geistreiches, wie hochinteressantes und humorvolles Buch geschenkt. Nicht eine Zeile im ganzen Buche, aus der nicht der großzügige Satiriker spricht.

Hamburger General-Anzeiger

Weber ist ein vollendeter Meister im Herausholen des Typischen. Jedes Gedicht ist ein kleines Kunstwerk, bitterster Ernst und übermütigster Scherz.

Grazer Tageblatt

Alexander Otto Weber ist ein Dichter, dessen beste Satiren schwer zu übertreffen sind.

Welt am Montag, Berlin

Alexander Otto Weber geißelt die Missstände im Leben des Einzelnen und im geselligen Verkehr mit der Zunge und dem giftigen Witze des erhabenen Spötters; seine Spottverse sind Delikatesse und treffen genau so sicher die, die auf des Daseins Höhen gehen, wie die da unten im breiten Tal des Lebens, die ganz Kleinen und die Gerne-Großen.

Walther Müller-Waldenburg im Blaubuch, Berlin

Alexander Otto Weber ist eine Mischung von Heine und Busch.

Dr. Arthur Obst im Hamburger Fremdenblatt

Sein goldiger Humor muss Anerkennung finden bei Freund und Feind.

Fränkischer Kurier, Nürnberg

Selbst der Ernsteste muss beim Lesen der Weberschen Bücher lachen. Es ist fürwahr das Beste, was deutscher Humor hervorgebracht hat.

In den Zeitstimmen

Man wird Weber bei jeder Gelegenheit zitieren können. Seine Satiren sind voller Witz und Spott, voller Kraft und Rücksichtslosigkeit.

Blätter für Bücherfreunde

Alexander Otto Weber ist der beste deutsche Satiriker unserer Zeit.

Wiener Montags-Journal

Ein lustiger, mutiger Spötter, der geistvoll zu formen versteht und Lacher genug findet, die ihm verständnisvoll zustimmen.

Berliner Lokalanzeiger

Zeitweis erinnern mich Webers Werke an Juvenal, zeitweis an Thackeray und Byron.

Dr. S. Shaw in der New York Sun

Man könnte Weber immerzu zitieren.

Hamburger Korrespondent

Weber ist ein genialer rücksichtsloser Spötter. Er trifft ins Schwarze mit einer verblüffenden Keckheit und eleganter Formsicherheit, die alles ästhetisch Verletzende von selbst ausschließt.

Straßburger Bürgerzeitung

Weber ist der beste deutsche Satiriker unserer Tage, ein wirklicher Humorist, den man neben Wilhelm Busch in seiner Bibliothek haben sollte.

Leipziger Tageblatt

An köstlichen Bemerkungen in seiner gefälligen Versifikation ebenso reich wie an ätzender Lauge grimmigster Satire.

Wiesbadener Tageblatt

Der ewige Kampf, den Idealismus und Realismus in der Ehe führen, ist hier in launigster Weise geschildert. Das meiste ist in Knittelreimen geschrieben, die dem echten Humor zu seinem Recht verhelfen.

Dresdner Nachrichten

Trotz beinahe brutaler Wahrheit ist alles so unglaublich humorvoll gesagt, dass der Getroffene selbst mit lachen muss. Ungeheuer komisch ist Weber im zweiten Teil „Allzumenschliches", wo er mit bekannter Meisterschaft die erotischen Saiten erklingen lässt. Voll bitterer Feinheit sind die angehängten Aphorismen und das Wörterbuch.

Neue Interessante Blätter, Stuttgart

Der Band enthält eine Überfülle humoristisch-satirischer Gedichte. Jeder, der Sinn für echten Humor und geistreiche Satire hat, sollte den Band in seiner Bibliothek haben.

Wissenschaftlich-pädagogische Rundschau, Wochenbeilage des „Deutschen Lehrer-Blattes", Berlin

usw. usw.

Inhalt

Vorwort

Wie ich in meinem Vorwort zum ersten Bande der gesammelten Satiren im Juni 1916 ausführte, nahm ich in die ersten drei Bände politische Satiren nicht auf, da meine politischen Ansichten von den bis zur Revolution bei unseren herrschenden Kreisen üblichen vielfach diametral abwichen, und ich es in jener schweren Zeit im vaterländischen Interesse für besser hielt, meine zum Teil recht aggressiven Satiren nicht verbreiten zu lassen. Zu ändern war damals nichts mehr; die Regierenden hatten nur zu beweisen, ob sie uns mit ihrer mittelalterlich anmutenden Politik den versprochenen glänzenden Zeiten entgegenführen könnten oder nicht.

Inzwischen ist ihre Politik mit ihnen zu Grabe getragen worden. Es ist so ziemlich alles und leider noch viel mehr von dem eingetroffen, was ich im Jahre 1916 in meinem Bande „Das Salz der Erde", dessen politischer Teil hierin abgedruckt ist, voraussagte.

Wer Interesse daran hat, mein heutiges politisches Glaubensbekenntnis mit Ausblick auf die Zukunft kennen zu lernen, kaufe sich meinen demnächst erscheinenden Band „Vor und nach der Revolution". Der Band ist etwa 500 Seiten stark und in Prosa geschrieben. Ich verurteile darin genauso die frühere Junkerregierung, wie das sich jetzt breit machende Machtbewusstsein des Proletariats, und suche den Nachweis zu führen, dass eine sozialdemokratische Regierung für uns noch verhängnisvoller ist, als es die bisherige feudale schon war. Sozialismus ist nur als Opposition wünschenswert.

Berlin W 50, Februar 1919

Alexander Otto Weber

TEIL I - TYPISCHES

Der Staatsanwalt

Wer nie gehungert, nie gefroren,
Wer nie erwarb, was er verbraucht,
Wer stets vom Vater prompt erhalten,
Was er getrunken und geraucht,
Wer in der Jugend nichts gelitten,
Als dass ihn mal der Lehrer schalt,
Der eignet sich, wie leicht erklärlich,
Im Deutschen Reich zum Staatsanwalt.

Zwar fehlt die Praxis ihm des Lebens,
Doch die ersetzt die Theorie,
Auch hat man Cäsar ja gelesen,
Den Rest besorgt die Fantasie.
Hauptsache: schneidig, schneidig, schneidig!
Dann avanciert man sicher bald,
Der Schneid macht stets im Deutschen Reiche
Den Leutnant und den Staatsanwalt.

Vor allem gilts, den Thron zu schützen,
Der braucht ja einen mächt'gen Schutz,
Dann Presse-Bengel zu beäugen,
Die ziehn gern Hohes in den Schmutz.
Dann auch, Religion zu schirmen,
Der Schöpfer ist dazu zu alt,
Und außerdem kann das viel besser
In Deutschland jeder Staatsanwalt.

Den Angeklagten niederschmettern,
Die Angeklagte dito auch,
Wo andre eine Mutter sehen,
Da sieht er nur den Gummibauch.
Auch die Verteid'ger fühlen lassen,
Dass sie plädieren für Gehalt,

Wogegen nur honoris causa[1]
Stets tätig ist ein Staatsanwalt.

Sich ungemein erhaben dünken!
Der Teufel, ist man denn nicht wer,
Wenn täglich man geschäftlich wäget
Des Bürgers Freiheit, Ruf und Ehr'?
Schon seine Miene muss euch zeigen:
Man kocht Vergeltung stets nur kalt,
Der finst're Blick schmückt nicht nur Fürsten,
Nein, auch den deutschen Staatsanwalt.

Nur scheußlich ist's, dass außerdienstlich
Das Fleisch den Geist oft übermannt,
Das tat das Fleisch zu allen Zeiten,
Wenn es zu schwach den Gegner fand.
Denn, wenn Versuchung naht dem Strengen,
Ruft er zwar dienstlich stets sein Halt,
Doch außerdienstlich?
Nein, ich schweige,
Ich bin ja doch kein Staatsanwalt.

---

[1] ehrenhalber

Bei uns im Domestikenlande

Raubt einer deiner Tochter Uhr,
Büßt er im Zuchthaus seine Tat,
Doch raubt er ihre Ehre nur,
So schützt dich kein Gesetz im Staat;
Denn eine Uhr kann man ersetzen,
Die Ehre selbstverständlich nicht,
Drum muss die Uhr man höher schätzen
Im Land der Weisheit und der Pflicht.

Man glaubt, es waren nur Verbrecher,
Die solch verrücktes Zeug gemacht;
Im Gegenteil, vergnügte Zecher,
Die nie im Leben nachgedacht,
Die stets im Vorurteil befangen,
Seit sie erblickt das Sonnenlicht,
Die stets von Wein und Liebe sangen
Im Land der Weisheit und der Pflicht.

Mit Adam trösten sich die Helden:
„Sie gab mir und ich aß sodann!"
Doch solche Evas sind recht selten,
Ich traf bis jetzt noch keine an.
Noch haben Schamgefühl die Frauen,
Wenn noch so heiß die Liebe spricht,
Und fallen nur durch ihr Vertrauen
Im Land der Weisheit und der Pflicht.

Da lob´ ich den Amerikaner,
der zeigt sich als Aristokrat,
Behandelt er doch viel humaner
Das Weib um Demokratenstaat.
Bei uns im Domestikenlande
Da kennt man solche Rücksicht nicht,
Leicht gibt das Weib man preis der Schande

Im Land der Weisheit und der Pflicht.

Der Reichstagsabgeordnete

Schlägt warm das Herz fürs Vaterland,
Noch wärmer für die Eitelkeit,
Und hat man Einfluss und viel Geld
Und ganz besonders zu viel Zeit,
Ist man nicht dumm und nicht befähigt,
Dass man nichts Rechtes wird allein,
Dann hat man meist nur eine Sehnsucht,
Man muss ein Reichstagsmitglied sein.

Beherrscht man wenig auch das Wort,
Hat keine Ahnung vom Gesetz,
Beendigte sein Studium
Im ersten Teil des großen Ploetz[2],
Das setzt der Sehnsucht keine Schranken,
Denn eher kommt man noch hinein,
Wenn man an Geist nicht überflügelt
Das Durchschnittsmitglied der Partei´n.

Man wählt die Fraktion natürlich,
In der ein Freund von Einfluss ist,
Ob rechts, ob links, ist unerheblich,
Nur wird man niemals Sozialist.
Man macht dem Vorstand die Besuche,
Gibt ihm ein fürstliches Diner,
Und greift dann der Partei zugunsten
Entsprechend tief ins Portemonnaie.

Ist abgeschlossen der Kontrakt,
So geht die Wahlkampagne los,
Man macht dich zum gescheiten Kerl,
Du merkst es nicht und zahlst es bloß.

---

[2] Der Große Ploetz gilt als ein Standard-Nachschlagewerk zur Geschichte.

Ein andrer redet deine Reden,
Du sagst am Schluss: „Der Mann hat recht,
Es lebe Deutschland und der Kaiser!"
Und dann wird für dein Geld gezecht.

Mit recht viel Glück und noch mehr Bier
Gelingt dir dann der große Coup,
Du sitzt im Reichstag frisch, froh, frei,
Nur weißt du selbst meist nicht, wozu.
Du bist so klug und dumm wie früher,
Nur ärmer um zehntausend Mark,
Das kosten die Visitenkarten:
„X., Reichstagsmitglied für Klein-Quark!"

Der akademische Sozialist

Als dummer Junge ist wohl jeder
Für ein paar Jahre Sozialist,
Man sieht die Welt in seinem Lichte,
Doch nie die Welt so, wie sie ist.
Man glaubt noch an die Ideale
Und träumt von einer edlen Welt,
Doch allzu schnell legt sich dies Träumen,
Wenn man verdient sein erstes Geld.

Meist länger währt bei dem Studenten
Die Zeit, in der er jugendblind,
Denn er ist theoretisch Weiser,
Doch praktisch nur ein großes Kind.
Mit seinem Fünfzigtalerwechsel
Markiert er gern den großen Mann,
Gehört er doch zu jenen Kreisen,
Die man die guten nennen kann,
natürlich reicht's nicht vorn, nicht hinten,
Der Kopf ist voll, der Beutel leer,
Und wer ist schuld? Nur die Regierung,
Die stets nur schützt den Millionär.
Er schwärmt für Tolstoi, Marx und Bebel,
Und weil er oft kaum satt sich isst,
Liebt er die Armen, wie die Brüder,
Und wird mit ihnen Sozialist.
Doch mit den Jahren kommt die Reife,
Er wird gewahr, die Welt bleibt rund,
Die Menschen bleiben stets dieselben,
Teils sind sie krank und teils gesund.
Es gibt stets kluge, wie auch dumme,
Besonders letzt're massenhaft,
Der spart und jener dort verschwendet,
Und diesen frisst die Leidenschaft.
Dem einen macht die Arbeit Freude,

Der andre liebt die stete Ruh,
Und dieser haut die Gattin täglich,
Und der seufzt unter ihrem Schuh.
Man findet nicht zwei gleiche Pferde,
Was jedem Kenner längst bekannt,
Geschweige denn zwei gleiche Menschen,
Sie seien noch so nah verwandt.
Stets muss daher ein Märchen bleiben
Die Gleichheit in dem Zukunftsstaat,
Und hat der Kluge das begriffen,
Dann war er einmal Demokrat.
Denn bei dem ew´gen Daseinskampfe,
Den Kraft und Geist auf Erden ficht,
Zieht es ihn endlich zu der Seite,
Die seinem Lebensziel entspricht.
Wogegen es den Unbegabten
Kein Mensch am End´ verdenken kann,
Wenn er sich sehnt nach seinesgleichen
Und deshalb schließt der Masse an.
Denn, wär´ ich heute ohne Mittel
Und traute nicht der eignen Kraft,
So wär´ auch ich im Sozi-Lager
Mit Seele und mit Leidenschaft.

Jedoch studierte Sozialisten,
Die jetzt sich häufig machen breit,
Dort, wo nach Geltung Kräfte ringen,
Treibt Schwäche nur und Eitelkeit.
Sie kriechen vor der großen Masse
Als freie Männer auf dem Bauch,
Und werden demgemäß behandelt,
Man braucht sie, doch man tritt sie auch.
Doch das stört nicht die Sklavenseelen,
Denn mit der Masse ist man „Wer",
Man traut sich nichts allein zu leisten,
Und Geldverdienen ist heut´ schwer.

Drum acht´ ich auch den Demokraten,
Der seinesgleichen Sache führt,
Doch nicht den akadem´schen Sozi,
Der seinen Geist prostituiert.

Doch er zu der Regierung hält

An sich gemein ist keine Tat,
Sie wird´s erst durch das Denken,
Drum wird ein leidlich schlauer Mensch
Sein Denken danach lenken.
So ist zum Beispiel selbst der Mord
Beliebt zu manchen Zeiten,
Im Zweikampf ist er, wie im Krieg,
Oft gar nicht zu vermeiden.
Er gilt sogar als edle Tat,
Wird selbst belohnt von oben,
Und nur ein blöder Sozialist
Wird solchen Mord nicht loben,
Der kann nun mal sein bisschen Geist
Vernunftgemäß nicht lenken;
Doch, wer zu der Regierung hält,
Kann sich dabei nichts denken.

Natürlich solch ein Sozialist
Ist nie für die Regierung,
Er denkt nur stets das Gegenteil
Und schimpft auf jede Führung.
Selbst wenn die Flotte wird vermehrt,
Ist er durchaus dagegen,
Und auch den lieben Staatsanwalt
Möchte´ er ad acta legen.
Die Steuern sind im stets zu hoch,
Und dann auf alle Fälle
Ist er, selbst in der Theorie,
Nicht für Getreidezölle.
Er sagt: „Wie kommt das Volk dazu
Agrarier zu beschenken?"
Doch, wer zu der Regierung hält,
Kann sich dabei nichts denken.

Ja, wer zu der Regierung hält,
Der hat auch nichts zu denken;
Ein Land ist wie ein Schiff auf See,
Das kann nur einer lenken.
Er tue nur, was man ihn heißt,
Und zwar stets augenblicklich,
Und wenn er auch verdummt dabei,
Die Dummen sind meist glücklich.
Er seh´ in jedem Königsspross
Den großen Alexander,
Und wenn einmal ein Schutzmann kommt,
Dann geh´ er auseinander.
Stets schrei´ er „Hurra", wenn es gilt
Die Freiheit einzuschränken,
Doch, wer zu der Regierung hält,
Kann sich dabei nichts denken.

Und schwankt der Kurs? Was ist dabei?
Die Kurse schwanken immer!
Da denkt sich der Regierungsmann:
Wo anders ist´s noch schlimmer.
Und so verschönt er jede Tat
Allein schon durch sein Denken,
Denn jede Tat ist gut an sich,
Warum soll er sich kränken?
Hat er nun stets sein Huhn im Topf,
Im Keller gute Weine,
Ist er zufrieden mit der Welt,
Liegt er auch an der Leine.
Ein voller Bauch studiert nicht gern
Und ist sehr leicht zu lenken;
Doch, wer zu der Regierung hält,
Kann sich dabei nichts denken.

♠

Der Alles-Könner

In der Beschränkung zeigt sich erst der Meister,
Wer alles können will, bleibt immer seicht,
Denn selbst der weltbekannte Haby-Kleister[3]
Kennt nur beim Schnurrbart sein: „Es ist erreicht!"
Wer komponiert, malt, dichtet, Reden redet,
Philosophiert, Regie führt, kritisiert,
Erzieher spielt und Tonfiguren knetet,
Zehn Sprachen spricht und auch politisiert,
Der ist ein lebender Lokalanzeiger,
Erscheint dem Bauernstoffel als Genie,
Dem Geisteslahmen als ein Bergesteiger,
Dem jungen Kalb als Kapitalrindvieh,
Doch einem Maler bleibt er immer Kleckser,
Der Philosoph hört ihn stets lächelnd an,
Politisch ist er höchstens Heinze-Lexer,
Und kritisch bestenfalls ein Gudermann[4].
Vom Hoffriseur nehmt Euch daher die Lehre,
Gebt Eurem Geist ein einzig Ziel allein,
Dann winket Euch vielleicht zum Schluss die Ehre,
Ein Hofbarbier im Geistesreich zu sein.

---

[3] Haby: Bartwasser-Hersteller
[4] Hermann Gudermann, deutscher Autor

König von der Götter Gnaden

Ein Negerhäuptling, der da frech
Sich König aller Neger nannte,
Regierte siebzehnhundertzehn
Südwestlich vom Ägypterlande.
Zwar hatt' ihn die Kultur beleckt,
Da einst in England er gewesen,
Doch lediglich ganz äußerlich,
Zum Beispiel konnte er nicht lesen,
Nicht rechnen, schreiben, lief halbnackt,
Kein Neger sah den Kerl je baden,
Dabei nannt' dieses Negertier
Sich König von der Götter Gnaden!

Und nicht nur, dass er nannt' sich so,
Er schwur darauf, dass ihn die Götter
Zum Herrscher seines Reichs gemacht,
Und ward so unbewusst zum Spötter
Der großen Kraft, die Gott man nennt,
Und die sein Kleingeist umgeschaffen
Zum Negerfürsten – Fabrikant!
Heut' lacht man über solche Laffen!
Solch Vieh, dass ohne Skrupel frisst
'Nen fetten Feind als Sonntagsbraten,
Und diesen schmunzelnd dann verdaut
Als König von der Götter Gnaden!

Und alles, was er denkt und tut,
Erscheint von Gott ihm eingegeben,
Und dennoch zittert der Idiot
Tagtäglich um sein bisschen Leben.
Er fürchtet, dass ein grimmer Feind
Könnt' eines Tags ihn niederhauen
Selbst gegen seiner Götter Macht,
Das nennt solch Kuli Gottvertrauen!

Die Kraft, die ihn zum Fürsten macht,
Kann nicht verhindern, ihm zu schaden,
Und so was nennt im Negerland
Sich König von der Götter Gnaden!

Das Schimpfen

Wenn man nichts hat und auch nichts ist,
Wird man gewöhnlich Sozialist,
Schimpft auf die Reichen höchst gemein
Und möchte selber einer sein.
Doch kommt man etwas zu Vermögen,
So wird sich dieses Schimpfen legen,
Denn jeder rechte Demokrat
Hasst nur das Geld, das er nicht hat.
Und sammeln sich die Gelder an,
So wird der Sozi Fortschrittsmann,
Das heißt ein Mitglied der Partei,
Bei welcher jederzeit dabei
Die, die nichts sind trotz der Moneten,
Und bess're geistige Proleten.
Jetzt schimpft man nur auf die Regierung
Und deren ungeschickte Führung,
Die niemals etwas leisten kann,
Weil immer fehlt der rechte Mann;
Und dieser rechte Mann natürlich
Ist man teils seelisch, teils figürlich.
Doch ist der Mensch erst reich geworden,
Und kommen Titel, Würden, Orden,
Dann hört auch dieses Schimpfen auf,
Im Gegenteil, er schwört darauf,
Dass g'rade die Regierungsmänner
Sind eminente Menschenkenner;
Und deshalb schimpft er jetzt als Rat
Auf die Partei vom Zukunftsstaat.

So irrt der Mensch, so lang er lebt,
So schimpft der Mensch, so lang er strebt,
Und deshalb schimpft ein König nie,
Der steht zu hoch! Ha, ha! Hi, hi!

Die Ehre

Die Ehre ist, was noch in Kraft ist,
So lange man nicht vorbestraft ist,
Und man gehört zu jenen Kreisen,
Die bess're, gute, beste heißen.
Tritt sie mal auf bei kleinen Leuten,
So hat sie gar nichts zu bedeuten.
Denn, was ist eine Ehre schon,
Die nicht mal kennt „Satisfaktion[5]"?!
Wer Ehre hat, der muss auch schießen,
Der muss mit Freuden Blut vergießen,
Das fließt aus seines Gegners Schädel,
Denn seines braucht er für die Mädel.
Wer Ehre hat, der darf auch pumpen,
Kreditunwürdig sind nur Lumpen,
Wer leben will und leben lässt,
Der ehrt beim Wechsel den Protest.
Und wer die Ehr' stets hochgehalten,
Kriegt einen reichen Schwiegeralten,
Natürlich muss er sich bequemen,
Die Tochter in den Kauf zu nehmen;
Das ist zwar oftmals scheußlich peinlich,
Doch ist dem Reinen alles reinlich,
Und eine Mitgift stinkt nur dann,
Wenn man sie nicht bekommen kann.

So steht die Ehre hoch im Preise
Als Privileg der Ehr-Trust-Kreise,
Und nur die Ehr-Trust-Aktionäre
Besitzen das Patent der Ehre.

---

[5] Satisfaktion: Wiedergutmachung eines Ehrdelikts mit geeigneten Mitteln

Der Mut

Der Mut ist, was uns Götter gaben,
Wenn wir zu viel getrunken haben,
Und wir dann beim Nachhausegehn
Von weitem keinen Schutzmann sehn.
Wenn die Studenten, gut verbunden,
Sich schlagen leichte Säbelwunden
Ins jugendhafte Angesicht,
Denn auf dem Hintern sieht man's nicht.
Wenn Deutsche fürchten Gott allein
Und lassen Kirche Kirche sein,
Dagegen jede Rede loben,
Die regelmäßig kommt von oben.
Wenn man sich fürchtet, abzuschaffen
Das Recht, das gleich macht Mensch und Affen,
Das gleiche Wahlrecht hier im Lande,
Dem „Volk der Denker" eine Schande.
Besonders sind Soldaten mutig,
Schlägt ihren Kameraden blutig
Der Herr, der ihnen vorgesetzt
Und gern sie körperlich verletzt.

So handelt Gottes Ebenbild,
Wenn ihm der Mut erst weggedrillt,
Und das geschieht zu Deutschlands Ehr'
Nicht etwa nur beim Militär;
Denn leicht ist da der Mut gesunken,
Wo man behandelt als Halunken
Und abholt in dem grünen Wagen,
Die frei noch ihre Meinung sagen.

Die Freiheit

Die Freiheit ist, was Demokraten
Genießen in den Zukunftsstaaten,
Wenn Bebel ist das Reichsgericht
Und Heine warm für Harden[6] spricht,
Weil er als wahrer Ehrenmann
Nun mal nicht anders handeln kann.
Die Freiheit ist, wenn bei Paraden
Dir demonstriert wird durch Soldaten,
Dass Straßen da sind für das Heer,
Und nicht für den Zivilverkehr.
Wenn Zeugen ladet das Gericht
Um neun Uhr, und verhört sie nicht
Vor abends gegen halber acht,
Weil man das macht, so wie man's macht.

Wenn in der Stadtbahn achte sitzen
Und zwölfe stehen, zwanzig schwitzen,
Und der Inspektor schiebt noch rein
Den Rummelsburger Turnverein.
Wenn dir der Schutzmann klar gemacht,
Dass du bisher verkehrt gedacht,
Dass er fürs Publikum sei da,
Und du schreist: „Schutzmann, hoch, hurra!"

Drum muss man Freiheit definieren
Als das Gefühl, das beim Sezieren
Ein Hund hat, den sie so zerschneiden,
Dass er noch leben kann und leiden,
Der aber stirbt denselben Tag,
Nicht weil er muss, nein, weil er mag.

---

[6] Maximilian Harden: deutscher Publizist, Kritiker, Schauspieler und Journalist. Er strengte Prozesse gegen Berater und Freunde des Kaisers Wilhelm II. an, die zu mehreren Rücktritten führten.

Der Adel

Wenn deine Mutter Müller heißt,
Ihr Eh´mann Herr von Madel,
Dein Vater beider Kutscher ist,
Gehörest du zum Adel;
Verfolge das nach oben hin,
In allerhöchste Kreise,
So kann dein Vater Kutscher sein,
Und du bist Prinz von Neiße.
Natürlich ist nicht jeder Prinz,
Nicht jeder Herr von Madel,
Der Sohn von einem Kutscher nur,
Oft ist er auch vom Adel.
Nur sieht man keinem Kinde an,
Wer Vater war von beiden,
Den Kutscher- von dem Prinzensohn
Kann keiner unterscheiden.
Wenn beide, Hoheit oder Fritz,
Vergolden ihre Windel,
Riecht kein Professor je heraus,
Was Hoheit, was Gesindel!
Erst die Erziehung Prinzen macht,
Und Leutnants, oder Kutscher,
Ob rotes oder blaues Blut,
Erst sind die Daumenlutscher.

Der Prinz ist deshalb Menschenwerk,
Sein Adel liegt im Wahne,
Und Goethe war auch ohne „von"
Der ad´ligste Germane!

Das Gesetz

Man zwängt so ziemlich alle Menschen
In jedem Lande in ein Netz,
Mit großen Maschen für die Schlauen,
Und solch ein Ding nennt man Gesetz.
Durch dies Gesetz wird dir bewiesen,
Dass du kein Recht auf Speise hast,
Auch nicht auf Wohnung oder Kleidung,
Wenn es dem Herrschenden nicht passt.
Er schreibt dir vor: „Hier ist die Arbeit,
Und dafür zahl ich diesen Lohn!"
Als freier Mann darfst du erwidern:
„Zwölf Mark pro Woche, nein, Herr Cohn!"
Du darfst auch „nein, Herr Müller" sagen,
Der Name bleibt sich ganz egal,
Hier lockt das Darben, dort das Hungern,
Entscheide dich, du hast die Wahl!
Auch wird durch dies Netz bewiesen,
Dass selbst die Meinung strafbar ist,
Ist sie der herrschenden entgegen;
Wer anders denkt, ist Anarchist.
Man zwingt dich, einmal nur zu lieben,
Steht's dir auch wider die Natur,
vergiftet dich und deine Kinder
Durch eine Impfungs-Prozedur.
Man lehrt dich schweigen, dienen, dulden,
Zum Werkzeug macht man deine Kraft,
Und wehrst du dich auch erst dagegen,
Zu bald nur ist dein Geist erschlafft.
Du schwimmst nicht mehr dem Strom entgegen,
Siehst deine Welt im engen Netz
Und stirbst einst glücklich und zufrieden,
Gehirnverkrüppelt durch's Gesetz.

Die Moral

Heut hält man vieles für moralisch,
Was einstmals unmoralisch schien,
Zum Beispiel, Hunde zu ersäufen,
Und Idioten groß zu ziehn.
Die Rita Leon und Otero[7]
Hält man für unmoralisch heut',
Doch schienen Phryne[8] und die Lais
Anbetungswürdig ihrer Zeit.
Selbst heilig galt die Knabenliebe,
Doch übst du sie am Strand der Spree,
Setzt man dich in den Frauen-Flügel
Im wunderschönen Plötzensee[9].
Man stellt die Mädchen unter Sitte,
Dass leicht dem Eh'mann fall' die Wahl,
Behandelt schlechter sie als Hunde;
Was tut man nicht für die Moral?!

Was ist Moral? Ein biegsam Wesen,
Sich wendend, drehend nach der Zeit,
Nach Land und Leuten, nach dem Klima,
Meist furchtbar dumm und nie gescheit.
Heut' sich Naturgesetzen beugend,
Und morgen wider die Natur,
Im engen Menschenhirn geboren,
Vergänglich wie des Menschen Spur.
Wie alles, was der Mensch erzeugte,
Unendlich eng, unsagbar klein,
Kann man als Christus unmoralisch,
Als Pfaffe höchst moralisch sein.

---

[7] Influencerinnen, vor allem in Sachen Mode und Freigeistigkeit, zu Beginn des 20. Jahrhunderts
[8] Phryne und Lais: berühmte griechische Prostituierte
[9] Justizvollzugsanstalt

Die Kultur

Wir drehen ewig uns im Kreise,
Vom Fortschritt seh´ ich keine Spur,
Trotz unsrer oft und viel gerühmten
Angeblich herrlichen Kultur.
Trotz Wedekind[10] und Willy Arend[11],
Kerr[12], Aschinger[13] und Photograph,
Trotz Mirbach[14], Darwin, Tietz[15] und Hahn[16],
Trotz Schnellbahn, Wertheim, Telegraph,
Trotz Pockenimpfung, Koch und Roentgen,
Fürst Bülow, Eberle[17], Odol,
Trotz Bilse[18] und Insektenpulver,
Paul Lindau[19], Bebel und Lysol[20].
Wir sind trotzdem zweibein´ge Tiere,

---

[10] Frank Wedekind: deutscher Schriftsteller, Dramatiker, Dichter und Schauspieler.
[11] Willy Arend: deutscher Radrennfahrer und erster deutscher Profi-Weltmeister.
[12] Alfred Kerr: deutscher Schriftsteller, Theaterkritiker und Journalist.
[13] Aschinger. 1892 gegründeter Gastronomiebetrieb in Berlin, der insbesondere durch seine großen Stehbierhallen bekannt wurde.
[14] Ernst Otto Karl Ludwig Freiherr von Mirbach: preußischer Generalleutnant und Oberhofmeister von Kaiserin Auguste Viktoria.
[15] Hermann Tietz: deutscher jüdischer Kaufmann und Namensgeber des Warenhaus-Unternehmens Hermann Tietz OHG, das 1933 „arisiert" wurde. Die arisierenden Banken bildeten aus den Anfangsbuchstaben Hermann Tietz die Wortmarke Hertie.
[16] Otto Emil Hahn: deutscher Chemiker und ein Pionier der Radiochemie.
[17] Ludwig Eberle: deutscher Bildhauer, Medailleur, Maler und Grafiker.
[18] Johann Ernst Benjamin Bilse: deutscher Orchesterunternehmer, Kapellmeister und Komponist.
[19] Paul Lindau: deutscher Schriftsteller, Journalist und Theaterleiter.
[20] Lysol: Markenname des weltweit ersten Desinfektionsmittels.

Und bleiben es für immer hier,
Stets lebt der Schlaue von dem Dummen,
Das starke frisst das schwache Tier.

Kultur des zwanzigsten Jahrhunderts,
Vielleicht die schlecht'ste in der Welt!
Wie wenig gilt heut Nächstenliebe,
Und wie unendlich viel das Geld?!

Die Tugend

Zur Tugend braucht man keinen Geist,
Drum hat sie auch der Ochse meist,
Der Hund, der treu und stubenrein,
Des frommen Pastors Töchterlein,
Das Reitpferd, wenn es grad nicht bockt,
Der Sünder selbst, der nicht verstockt,
Der Jüngling, der sich keusch beträgt,
Das Huhn, das fleißig Eier legt.
Ja, Tugend hat fast stets der Mann,
Der vieles möcht' und gar nichts kann,
Woraus man sieht ganz positiv,
Die Tugend ist meist negativ,
Fehlt dir des Blutes wilde Kraft,
Bist du gewöhnlich tugendhaft,
Noch besser „tugendhaft gewöhnlich",
Mit einem Worte unpersönlich.
Napoleon hatte keine Tugend,
Auch Goethe wenig in der Jugend,
Sie waren viel zu große Geister,
Doch Roeren[21] ist der Tugend Meister,
Der ist der Negativverehrer,
Germanias größter Tugendlehrer.
Dieweil jedoch in diesen Welten
Die Goethes sind unendlich selten,
Dagegen massenhaft die Roeren,
Die auf das Negative schwören,
So schwärmt das Alter und die Jugend,
Wie Hypokrit[22] einst, für die Tugend.

---

[21] Hermann Roeren: deutscher Jurist und Reichstagsabgeordneter.
[22] Hypokrit: „Heuchler" im alten Griechenland

Das Schweigen

Ich bin streng monarchisch, ich sage es frei,
Kein Verehrer von Republiken.
Ich hasse das alberne Freiheitsgeschrei,
Das plebejische Greinen und Quieken.
Die Freiheit in England und Spanien auch
Ist größer, als die in den Staaten,
Die protzen mit republikanischem Brauch,
Doch das Recht oft knebeln durch Taten.

Ich liebe die Höhe, ich liebe den Glanz,
Ich liebe Verfein´rung der Sitten,
Doch hass ich des Krämertums Halbeleganz,
Wo´s Wechsel gibt, wird auch geritten.
Ich liebe den König als ruhenden Pol
Im ewigen Wechsel der Zeiten,
Als Zeichen der Macht und der Größe Symbol,
Hoch über dem Hader und Streiten.

Ich liebe den König, der Klugheit beweist,
Die scheint mir alsdann nur vorhanden,
Wenn freudig ein Volk seinen Herrscher preist,
Der innig die Seinen verstanden.
Nicht sei Dilettant er auf jedem Gebiet,
Wie einst Nero, der schreckliche Kaiser,
Er erkenne allein seines Volkes Gemüt.
Wer das kann, ist König und Weiser.

Er schwatze nicht, wie eine Köchin am Herd,
Ein Schwätzer wird niemand ergötzen;
Es hat ja nur immer das Seltene Wert,
Wer viel schwatzt, wird viele verletzen.
Wer viel schwatzt, der hat sich noch immer blamiert,
Das hat Herodot schon geschrieben;
Doch der Schweiger, der niemals die „Lippe" riskiert,

Ist oftmals ein Weiser geblieben.

♠

Die Autorität

Willig folgt der Hammelherde,
Wenn das Leittier stolz sie führt,
Denn das Vieh hat große Hörner,
Was den Hammeln imponiert.
Und die riesig großen Hörner
Schenkten ihm die Hammelgötter,
Daran glauben alle Hammel,
Denn ein Hammel ist kein Spötter.
Nur nicht denken, immer glauben,
Das ist Hammeltemp´rament;
Und so folgt ihm auch die Herde,
Wenn er ins Verderben rennt.
Glücklich ist deshalb der Hammel,
Dem recht groß das Horn gerät,
Denn des Hammelhornes Länge
Gibt ihm die Autorität.

Willig folgt die Negerherde
Wenn der Häuptling stolz sie führt,
Denn das Vieh hat Riesenkräfte,
Was den Negern imponiert.
Und die riesig großen Kräfte
Schenkten ihm die Negergötter,
Daran glauben alle Neger,
Denn ein Neger ist kein Spötter.
Nur nicht denken, immer glauben,
Das ist Negertemp´rament;
Und so folgt ihm auch die Herde,
Wenn er ins Verderben rennt.
Glücklich ist deshalb der Neger,
Dem der Bizeps stark gerät,
Denn des Bizeps Riesenstärke
Gibt ihm die Autorität.

So folgt willig jede Herde,
Wenn ein Starker stolz sie führt,
Denn solch Vieh hat Riesenkräfte,
Was den Menschen imponiert.
Und die riesig großen Kräfte
Schenkten ihm die P. T. Götter[23],
Daran glauben selbst die Menschen,
Denn sie sind so selten Spötter.
Nur nicht denken, immer glauben,
Das ist Menschentemp'rament,
Auch der Mensch folgt blind dem Starken,
Wenn er ins Verderben rennt.
Ob nun Häckel oder Virchow,
Präsident, ob Majestät,
Immer folgt die Hammelherde,
„Hurra, die Autorität!"

♠

---

[23] PT-Götter werden vor allem im Mittelmeerraum angesiedelt (z.B. der Titan Ja-pet-os)

Der Titel

Es kann der Deutsche Hunger leiden,
Die Freiheit kannst du ihm beschneiden,
Niemals wird er klagen;
Nur ein Titel muss ihn zieren,
Nie wird er dann lamentieren,
Froh wird er ihn tragen.

Kanzleirat, Hofrat und so weiter,
Selbst tiefer steigt er noch die Leiter,
Dämlich, aber ehrlich;
Stadtrat macht den Michel munter,
Kommissionsrat gar mitunter
Scheint ihm schon begehrlich.

Doch musst du ihn Doktor rufen,
Steht er auf den höchsten Stufen,
Überaus erhaben,
Weil die neunmal weisen Toren,
Die verehrten Professoren,
Ihm das schriftlich gaben.

Wie seid ihr klein, ihr deutschen Toren;
Die wahre Größe wird geboren,
Geistestitel fehlen!
Wird denn niemals bei uns wohnen
Männerstolz vor Menschenthronen?
Domestikenseelen!

♠

Emil IV.

Ein Kind gleicht vielfach seiner Mutter,
Oft seinem Vater auch genau,
Und, wenn die Gattin treu, mitunter
Sogar dem Mann der Ehefrau.
In diesem letzterwähnten Falle
Ist solch ein Kind ein eh´lich Kind,
Denn eh´lich sind nicht alle Kinder,
Die in der Eh´ geboren sind.
Doch wird dir in der Eh´ geboren
Ein Kind in der bestimmten Frist,
So giltst du als des Kindes Vater,
Selbst wenn du ein Eunuche bist.

Ist eine Mutter nicht vereh´licht,
Gebärt sie ein natürlich[24] Kind,
So dass die ehelichen Kinder
Natürlich nicht natürlich sind.
Sind oft genug doch diese Kinder
Erzeuget wider die Natur,
Allein im Zwange goldner Fesseln,
Die uns geschmiedet die Kultur.
Und unter diesem Zwange leiden
Die Fürstenkinder allgemein,
Denn ist man Fürst von Gottes Gnaden,
So kann man nicht natürlich sein.
Und dass sie nicht die Liebe zeugte,
Ist meist schon par distance zu sehn,
Und deshalb wollen auch die Fürsten
Nicht gern mit andern baden gehn.

So war auch unser Herzog Emil,
Wenn ich nicht irre, Nummer 6,

---

[24] natürlich Kind: offiziell für unehelich

Teils körperlich und teils auch seelisch
Ein äußerst kümmerlich Gewächs.
Die Beine waren ohne Waden,
Der Podex[25] fehlte dem Gesäß,
Konvex war Brust, konkav der Rücken,
Und im Gesicht war er nervös.
Die Ohren standen ihm vom Kopfe
Wie einem schlechtkupierten Mops,
Und seine Kopfform glich dem Schafskopf
Als wie ein Klops dem andern Klops.
Natürlich war er geistig rege,
Das sagt beim Fürsten stets man dann,
Wenn er vor Blödsinn beinah' berstet
Und dabei nicht mal blöken kann.
Ist er ein Mensch wie alle Menschen,
Dann heißt ein solcher Fürst: „Talent!",
Weshalb auch diese Sorte Fürsten
Gewöhnlich nur der Bürger kennt.
Doch spricht ein Fürst, auch solche gibt es,
Drei Sprachen, fragt mich nur nicht wie,
Und kann die eine leidlich schreiben,
So nennt die Welt ihn „ein Genie".

Nun, Emil war nur geistig rege
Und fühlte sich ganz wohl dabei,
Er konnte an den Fingern rechnen
Das Einmaleins bis drei mal drei,
Denn einen hatte er verloren,
Als er zum ersten Male schoss
Und aus Verseh'n den Lauf der Büchse
Mit seinem Zeigefinger schloss.
Seitdem schoss er nur noch mit Bolzen,
Und täglich stand im Hofbericht:
„Der Herzog schoss diverse Böcke",

---

[25] Podex: menschlicher Körperteil, auf dem gesessen wird.

Denn Fürstenböcke zählt man nicht.
Frühmorgens stand er auf um zwölfe,
Der Kammerdiener zog ihn an,
Um eins trank er den Morgenkaffee,
Und dann empfing er Kindermann[26],
Mit dem er bis halb zwei regierte,
Indem er oft und riesengroß
Den eignen Namen musste schreiben,
Und zwar womöglich fehlerlos.
Dann gönnte er für ein, zwei Stunden
Die wohlverdiente Ruh´ dem Geist,
Denn das Regieren macht sehr müde,
Besonders wenn man Emil heißt.
Darauf besuchte er die Fürstin,
Geborne Bunzlau-Wiedehopf,
Die leider keine Kinder hatte,
Doch dafür einen Doppelkropf.
Die beiden nahmen meist allein dann
Ihr Frühstück ein bei sich zu Haus,
Sie aßen nur ganz weiche Speisen
Und nahmen ihr Gebiss heraus.
Am Nachmittag fuhr er spazieren
Mit seinem Pudel ganz allein,
Der war ihm geistig überlegen
Und auch der Schön´re von den zwei´n.
Am Abend fuhr er ins Theater,
Denn Emil war ein Kunstmäzen,
Und schöne Balletteusenbeine
Konnt´ er sich stundenlang beseh´n.
Die Oper war ihm zu geräuschvoll,
Im Schauspiel schlief er immer ein,
Bei ihm begann das Kunstverständnis
Bei einem schönen Frauenbein.
Da war er geistig auf der Höhe,

---

[26] Carl Kindermann: deutscher Volkswirt.

Doch fleischlich lange schon nicht mehr,
Er war jetzt nur noch stiller Gönner
Dem strammen Balletteusenheer.
Zwar hin und wieder lud er eine
Zu sich aufs nahe Jagdschloss ein,
Worauf die andern kichernd sagten:
Die X. hat heut' das größte Schwein.
Doch immer blieb's bei leichtem Scherzen,
Er raubte niemals ihr die Ruh',
Denn Emil war ein edler Herzog,
Weil die Natur ihn zwang dazu.

So ist er edel auch gestorben,
So edel wie ein Emil stirbt,
Der ohne Geist und ohne Waden
Des Himmels Seligkeit erwirbt.
Er starb als letzter seines Stammes,
Der Zeugung zum Geschäft gemacht,
Und so sich selbst degenerierte
Auf Kosten äußerlicher Pracht.

Und kinderlos und ohne Podex
Dient er als Humus jetzt der Flur,
Der einst ein Fürst von Gottes Gnaden
Erzeugt war wider die Natur!

Deutscher Mädchenreport

Kürzlich las ich in der Zeitung,
Die Regierung inhibiert[27],
Dass man junge deutsche Mädchen
Unzuchts halber exportiert.
Und ich find' das recht und billig,
Weil das zum Export nicht frommt[28],
Was im lieben Vaterlande
Gut auf seine Rechnung kommt.
Schließlich zeugten deutsche Eltern
Nicht für London und Paris,
Was man einst in schönen Zeiten
Priesterin der Venus hieß.
Nur der Deutsche soll genießen,
Was zusammen er geliebt,
Und verwerflich ist die Unzucht,
Wenn man sie im Ausland übt.
Deutschland, Deutschland über alles
Über alles in der Welt,
Sorgsam wachst du, dass dein Gretchen
Nur für deutsche Männer fällt,
Sorgsam wachst du, dass dein Gretchen
Polizeilich wird gebucht,
Und der edlen Männer wegen
Wöchentlich wird untersucht,
Zwar behandelst du wie Tiere
Jene, die man kontrolliert,
Die ein Wortbruch deiner Söhne
Oft zum Laster erst geführt;
Attestierst sie für die Unzucht,
Ärztlich und durch Polizei,
Und entrechtest sie gleich wieder

---

[27] Inhibieren: hemmen, lähmen.
[28] Frommen: nützen, dienlich sein.

Durchs Gesetz der Kuppelei.
Wirfst die Mädchen in die Gosse,
In die deutsche Gosse zwar,
Dass der Deutsche darf nur schänden,
Was ein deutscher Schoß gebar.

Wenn ein Leutnant Geldes halber
Gibt für immer hin den Leib,
Bleibt er nach wie vor ein Edler,
Denn er ist kein schwaches Weib;
Doch ein Vieh bleibt stets das Mädchen,
Das der Mann ins Unglück zieht.
Deutschland, Deutschland über alles,
Du allein hast noch Gemüt!

Der Beamte

Zunächst, mein Bürger, merk dir das:
Der Herr Beamte ist etwas,
Auf alle Fälle mehr als du,
Kommt dir nicht Rang und Titel zu.
Drum schont er sich auch für den Staat.
Der ihn benötigt, in der Tat,
Und sitzt sechs Stunden im Bureau,
Drei bei der Arbeit, drei auch so.

Er ist nicht deinetwegen da.
Du Dummkopf, dachtest du´s etwa?
Ein Assistent, ein Sekretär!
Der Teufel auch, das ist doch „wer".
Wer solchen hohen Rang nimmt ein,
Der kann schon fast nichts Höh´res sein,
Der steht so gleichsam zwischen Thron
Und Schulze, Müller, Meyer, Cohn.

Du bist nur immer Publikum,
Er ist gescheit und du bist dumm.
Sagst du, dass er ein Esel ist,
Weil du ein großer Tierfreund bist,
So straft man dich dreimal so schwer,
Als wenn es nur der Lehmann wär´.
Dabei vielleicht ist Lehmann keiner,
Und der Beamte mehr als einer.

Wird ein Beamter wirklich „wer",
Geheimrat oder gar noch mehr,
Teils durch Verstand und teils durch Glück,
Kehrt er zum Menschentum zurück;
Wird höflich gar zum Bürgersmann,
Weil er sich das ja leisten kann.
Denn der, der wirklich etwas ist,

Ist immer höflich, Herr Kanzlist[29]!

♠

---

[29] Kanzlist: auf einer Kanzlei beschäftigter Subalternbeamter.

Der Mustermensch

Du bist ein Mustermensch. Schon auf der Schule
Warst du das Ideal der Lehr-Banausen,
Der trock´nen Herr´n mit subalternen Stiebeln[30],
Die vierzehn Tag´ im gleichen Wollhemd hausen.
Der eine nur, der mit der Feuerseele,
Der hasste dich, dich Musterexemplar,
Weil er ein Mensch, ein Mensch mit warmen Blute,
Ein Unglücksmensch dort unter Larven war.

Du warst nicht dumm, doch auch kein Musterknabe,
Dein größter Vorteil war dein kühles Blut,
In keinem Fach hast du dich ausgezeichnet,
In allen Fächern aber warst du gut.
Was du gelernt, hast niemals du vergessen,
Dich störte nie der Flug der Phantasie,
In deinem Hirn war Platz für trock´ne Zahlen,
Das freut die trock´ne Lehrerkompagnie.

Du hast studiert und promoviert „Cum laude",
Und Vater Rechnungsrat ist stolz auf dich,
Selbst eine Jugendtorheit dir geleistet,
Der Wirtin Köchin fühlte Mutter sich,
Jedoch Papa hat alles still geordnet,
Und Leutnant Lustig hat sich gratuliert,
Dass dich Gott Zufall in die gleiche Wohnung,
Und Eva dich ins gleiche Bett geführt.

Heut´ bist du Richter, wärst auch gut als Lehrer,
Du bliebst derselbe ja in jedem Stand,
Der Mustermensch in einem Mustertstaate,
Der Obermucker in dem Muckerland;
Der schwarze Ochse, der zwölf Stunden täglich

---

[30] Stiebel: Stiefel

Im Kreise läuft, brav frisst und gut verdaut
Und auf den Stier mit seinem Drang nach Freiheit
Als gut erzog´nes Rindvieh niederschaut.

Der Rechtsanwalt

Wer aufs Geld nicht sehen muss,
Der studiert gewöhnlich Jus[31],
Ist auch hohl der Schädel;
Denn als Doctor juris ist
Man als Jude oder Christ
Stets begehrt vom Mädel.

Hat man dazu Konnexion[32]
Und heißt nicht grad´ Levysohn,
Steigt sich leicht die Leiter;
Man wird sicher ein Herr Rat,
Der nie was zu raten hat,
Oft kommt man noch weiter.

Fehlt nach oben hin der Halt,
Wird man meistens Rechtanwalt,
Treibt mit Rechtskunst Handel:
Doch man bleibt entsetzlich stolz,
Denn es ist von edlem Holz
Der im Rechtsgewandel.

Niemals nimmt er selbst das Geld,
Das man ihm entgegenhält;
„Zahl´n Sie bitte draußen!"
Denn die rechtsgelehrte Hand
Ist ja viel zu elegant,
Kunden selbst zu lausen.

Ewig bleibt er reserviert,
Dass man nicht zu plötzlich spürt
Seine geist´ge Leere;

---

[31] Jus: Jura
[32] Konnexion: vorteilhafte Beziehung, Verbindung.

Doch auch, wenn er klüger ist,
Zeigt er, dass er nie vergisst
Seines Standes Ehre.

Sicher aber glaubt er sich
Zehnmal klüger stets, als dich,
Schamhaft wie ein Tscheche;
Darin hat er recht vielleicht,
Denn ist selbst sein Hirn erweicht,
Zahlst ja du die Zeche.

Der Regierungsreferendar

Ich bin Regierungsref'rendar,
Das heißt, schon halb Minister!
Was ist denn so'n Rechtsanwalt?
Juristischer Philister!
Bezahlt von dem Plebejerpack,
Muss er sich Kunden fangen;
Ich, als Regierungsref'rendar,
Trag' danach kein Verlangen.

Die Mädel sind verrückt nach mir.
Man ist doch Sonderklasse!
Die andern Ref'rendare gibt's
Bekanntlich stets in Masse.
Sie kitzelt der Regierungsrat,
Die lieben kleinen Dinger;
Ich bin Regierungsref'rendar
Und wink' nur mit dem Finger.

Bin Leutnant bei der Kavall'rie,
Reserve, ohne Tadel;
Papa Borusse, alter Herr,
Mein Schwager alter Adel,
Der Onkel ist Geheimer Rat,
Der wurstelt mich hinüber;
Ich bin Regierungsref'rendar,
Der Zukunft Mann, mein Lieber!

Ich gebe zu, mein Wissen ist
Nicht grad' mein bestes Möbel.
Zwar hab' ich Wissensappetit,
Doch satt frisst sich der Pöbel.
Ich bin todschick und selbstbewusst,
Geboren zum Regieren,
Man „ist" Regierungsref'rendar,

Das lässt sich nicht studieren.

♠

Der Zeuge

Ein Zeuge ist, wenn einer schwört,
Was er gesehen und gehört.
Ich wünsch′ dir, lieber Bruder,
Du brauchst nie solch ein Luder,
Denn leichter lässt sich schwören,
Als sehen oder hören.

Kann ihm dein Gegner nützen,
So wird er den oft schützen;
Kann er ihm auch nur schaden,
Lass ihn auch dann nicht laden.
Denn meistens sind die Zeugen
Nur ehrlich, wenn sie schweigen,
Sind feige Kreaturen,
Gesinnungslos wie Huren;
Dem mit der größten Flasche,
Dem schwört man in die Tasche.

Zwar Meineid ist gefährlich,
Drum schwört man leidlich ehrlich,
Wenn du Beweis kannst erbringen;
Nur ist in solchen Dingen
Der Zeugenkerl zu missen,
Sein ganzer Eid be…langlos.
Doch ohne die Beweise
Vermeide Zeugenkreise;
Die Wahrheit lässt sich beugen,
Nur Menschen sind die Zeugen!

Die Pfaffen

Alle Pfaffen möchte' ich laden
Auf ein riesig großes Schiff,
Um mit Volldampf dann zu steuern
Hin zum nächsten Felsenriff.
Doch im letzten Augenblicke
Führ' ich um das Riff herum,
Denn sonst ging ich auch mit unter,
Und noch bin ich nicht so dumm.

Außerdem lieb ich die Pfaffen
Wie die Kuh, die Lymph'[33] erzeugt,
Denn durch Lymphe und durch Pfaffen
Wird so manchem vorgebeugt.
Lymphe schützt uns vor den Pocken;
Und die Pfaffen jederzeit
Schützen unsre Arbeitsbienen
Vor zu viel Begehrlichkeit.
Denn wer wichst mir meine Stiefel
Einst im Sozialistenland,
Das alleine durch die Pfaffen
Niemals festen Boden fand?
Und ich hass' das Stiefelwichsen
Mehr noch als den Zukunftsstaat,
Lieber trüg' ich keine Stiefel
Als Sozial-Aristokrat.
Deshalb wär' ich mit den Pfaffen
Um das Riff herumgeschifft,
Pfaff und Lymphe sind zwar Gifte,
Doch wir brauchen dieses Gift.

---

[33] Kuhlymphe: erstes Impfmittel gegen Pocken.

Der Student

Der männliche Backfisch, so nannt ich dich einst.
Mich dünkt, der Vergleich ist passabel,
Denn Backfische sind ja zur Hälfte erst reif
Und halten nur ungern den Schnabel;
Man äfft die Allüren Erwachsener nach:
„Sie" möchte als Dame schon gelten,
Als Lebemann er, und als Doktor per se.
Und doch, wer mag Jugend drum schelten?!

Er lernt en detail und betrinkt sich en gros,
Ritzt Wangen, und nennt das Duelle.
Doch ist das tatsächlich nur Aufschneiderei,
Kaum mehr als ein Spalten der Pelle.
Es handelt sich weder um Mut noch Gefahr,
Gefahr ist vielmehr beim Erkälten,
Man schneidet sich schmerzlos das Leder entzwei,
Um billig als Ritter zu gelten.

Lass ab vom Duell, dieser Alfanzerei[34],
Im Ausland erregt das nur Lachen!
Verzichte auf Narben, die heuchlerisch sind,
Das wird dich bescheidener machen!
Denn wirklich, Bescheidenheit fehlt dir zumeist,
Besonders, erscheinst du in Herden;
Vergiss nicht, du bist nichts und hast nichts gelernt,
Du lernst erst und willst etwas werden!

Genieße das Leben, denn das ist dein Recht,
Doch vermeide die Leutnantsgesten
Und blas dich nicht auf, das passt nicht zu dir.
Der Backfisch wirkt harmlos am besten!

---

[34] Alfanzerei: Possenreißerei.

Se. Exzellenz der Kommandierende

Uns Deutschen fehlt das Selbstbewusstsein,
Der Stolz, dass man sich selbst genügt;
Wir schielen immer fromm nach oben,
Wo über Titel man verfügt.
So mancher Fürst des Handelstandes,
Der eine Macht ist hier im Staat,
Lässt als Kommerzienrat sich stellen
Noch unter jeden Rechnungsrat;
Denn so rangiert der Herr bei Hofe,
Wohin man ihn noch gar nicht lässt,
Weil Krämer und dergleichen Leute
Nur stören bei des Hofes Fest.
Und mancher Sohn aus reichem Hause,
Sonst abhold jedem Gängelband,
Der sehnt sich, um beschränkt zu werden,
Nach dem Reserveleutenant.
Der Schuster kann nicht eher ruhen,
Bis er nicht Hofschuhmacher ist,
Zu welchem Zweck er, wenn es nötig,
Den Kammerherrn von hinten küsst.
Nur einen Titel, einen Orden,
Und sei es eine Schärpe nur,
Dann schwellt der Stolz die Brust des Deutschen,
Denn er rangiert dann als Figur.
Er darf dann auf der Straße grüßen
Vom Hofportier das Töchterlein,
O heil'ger Stolz der Domestiken,
Pfui Teufel, du bist hundsgemein!

Ganz anders ist der stolze Spanier,
Der kriecht nicht vor dem höher'n Stand,
Das tut auch kein Amerikaner,
Kaum einer selbst in welchem Land.
In England gilt von allen Titeln

Der Titel „gentleman" allein,
Ja, selbst der König muss dort drüben
Ein Gentleman vor allem sein.
Doch wir im Land der Neunmal-Weisen,
Die wir der Erde Salz verleihn,
Wir suchen unsern Stolz in Titeln,
In Bändchen und in Spielerein.
Frau Rechtsanwalt, Frau Rechnungsrätin,
Herr Ganz Geheimer Sekretär,
Frau Hauptmann und Frau Oberschaffner,
Frau Bahnhofswirt, Frau Diätar[35]!
Zum Speien, diese Sucht nach Titeln,
So echter deutscher Kleingeistdreck;
Besteuert wenigstens die Dummheit,
Dann hätte sie noch einen Zweck!
Kein Wunder, dass man oben rechnet
Mit der Lakaienkriecherei,
Und auch das Volk danach behandelt:
Man gibt dem Nährstand[36] faden Brei
Und reserviert die guten Schüsseln
Für die Beamten und das Heer,
Und unser stolzer deutscher Nährstand
Leckt mit Genuss den Holznapf leer.

Ein jedes Leutnantchen im Lande,
Ein Kriegskunstlehrling bestenfalls,
Blickt auf den Handelsherrn herunter,
Als sei es hinten steif im Hals.
Ein General zeigt eine Miene,
Wenn er mit einem Kaufmann spricht,
Als spräche er als Vorgesetzter

---

[35] Diätar: Beamter, der nur zeitweise eingestellt war und außerhalb des Etats besoldet wurde.
[36] Nährstand: der Stand der Nährenden, die für sich und andere durch Ackerbau, Handwerk usw. Nahrung produzieren.

Vom Kammer- und vom Reichsgericht.
Und gar der Höchste hier auf Erden,
Der Kommandierende, steht stramm,
Wenn wir von Exzellenz nur sprechen!
Dem schwillt mit Recht der Hahnenkamm.
Denn kriegt er morgen den Zylinder,
Ist er ein Nichts, das niemand kennt,
Ein Wort, und seine Macht ist Plunder,
Ist Säule ohne Fundament.
Umsonst stieg man empor durch Dienern,
Umsonst auch durch die eigne Kraft,
Doch stets mit Zittern und mit Zagen,
Denn Gunst ist immer launenhaft.
Jetzt aber ist man unvergleichlich,
Ein König, ist S. M.[37] nicht da:
„Gewiss, es muss Zivil auch geben,
Doch komm' es nimmer mir zu nah!
Solch Handelsfürst bleibt Käsehändler,
Selbst Krupp[38] roch stets nach Gießerei,
Und ein Professor mag zwar gehen,
Doch lebt der Kerl von Schwätzerei!"

Dass aber alle diese Menschen
Auch ohne König etwas sind
Und nicht erst ängstlich fragen müssen,
Wie weht denn oben heut' der Wind;
Dass man, um Krupp und Stumm[39] zu werden,
Meist nötig hat viel mehr von Geist,
Als solch ein Herr mit breiten Streifen,
Der wenig ist, doch sehr viel heißt,
Das sehen Exzellenz höchst selten,

---

[37] S. M.: Seine Majestät.
[38] Alfred Krupp: deutscher Industrieller und Erfinder.
[39] Carl Ferdinand Stumm: preußischer Montanindustrieller und freikonservativer Politiker.

Die brüsten sich in dem Gefühl,
Dass diese, na, wie sagt man, „Leute",
Doch nur gehören zum Zivil.
Der einz´ge Mensch in seinem Reiche
Das ist man selbst, und damit Schluss,
Die andern sind nur Untertanen,
Die man auch so behandeln muss.

In Nizza war´s, es ward gefeiert
Geburtstag Sr. Majestät,
Da saß dem Konsul gleich zu Rechten
Solch kommandierender Athlet.
Es sprach aus seinen Herrscheraugen,
Von denen er besaß zwei Stück:
Ich bin zu euch hinabgestiegen,
Ihr Leute, habt heut´ Schweineglück!
Wie stets im fremden Lande üblich,
Trank man das allererste Glas
Aufs Wohl vom Oberhaupt des Staates,
Und Exzellenz verstimmte das.
Sie wurden höchlichst ungehalten
Und sagten, mehr als ärgerlich:
„Vor Fallières[40] kommt erst der Kaiser,
Wenn ich hier bin! Versteht ihr mich?"
Umsonst sucht´ man ihn aufzuklären,
Umsonst auch, zu besänft´gen ihn;
Er depechierte unverzüglich
Ans foreign office nach Berlin,
Von wo man ihm, dem Königsvetter,
Der so an seinem Herrscher hing,
Sein Unrecht drahtlich attestierte;
Er war blamiert, so gut es ging.

---

[40] Clément Armand Fallières: von 1906 bis 1913 Staatspräsident der Dritten Republik (Frankreich).

Welch'andrer Mensch wird sich erlauben,
So wider jede Art und Brauch
Als Vorgesetzter sich zu geben,
Wo Gast er, wie wir andern auch?
Ja, wär' er selbst im Recht gewesen,
So wär' es trotzdem unerhört,
Wenn solch ein Nichts im fremden Lande
In dieser Form das Fest uns stört.
So aber ist es zehnfach schlimmer:
Erst weiß er nicht, was Sitte ist,
Und dann will er noch kommandieren,
Der unfreiwill'ge Humorist.
Soll er auf seiner Klitsche bleiben
Und bei der Ziehharmonika
Den ganzen Tag begeistert singen:
„Heil dir im Siegerkranz! Hurra!"

Doch woher kommt's? Von eurem Kriechen,
Das täuscht den Mann in seinem Wert;
Ihr deutschen Domestikenseelen
Hebt ihn auf sein Paradepferd.
Zeigt doch den Leuten hier im Lande,
Dass ihr sie duldet nur im Haus,
Wenn sie sich niemals überheben,
Sonst schließt sie aus den Kreisen aus,
Die eig'ne Kraft und großes Wissen
Zur stolzen Höh' emporgebracht,
Die Kreise, die sich selbst verdanken
Des Reichtums und des Geistes Macht;
Die immer Mächte sind im Staate,
Nicht nur zum Schein, nein, absolut,
Und die nicht im Geheimen zittern
Vor einem schwarzen Seidenhut.
Denn Exzellenzen kann man machen,
Wie Gegenstände zum Gebrauch,
Doch Geistesfürsten sind geboren

Und Industriebarone auch;
Und deshalb ist ihr Wert auch höher,
Selbst ohne Exzellenz und Wichs,
Denn Rothschild werden ist meist schwerer,
Als Kommandierender in X.

Der großmäulige Frosch

Auch Frösche lieben, wenn sie lieben,
So heiß, wie es ihr Blut erlaubt,
Manch einer hat's schon toll getrieben,
Wenn Amor ihm das Herz geraubt;
Ja selbst im kalten Wasser klagen
Die Frösche sich ihr Liebesleid,
Was Menschen nie und nimmer wagen
Aus Gründen der Unmöglichkeit.
So sind die Frösche uns zu Zeiten
In Liebesmöglichkeit voraus,
Zwar handelt sich's um Kleinigkeiten,
Doch immerhin, es macht was aus.

Nun sollte man natürlich glauben,
Dass einer, der im Wasser küsst,
Nicht schielt nach hochgehängten Trauben,
Weil solches schwer vereinbar ist.
Jedoch ein Frosch mit langen Haxen
Und einem riesig großen Maul,
Der nahe bei Berlin gewachsen,
Man nannte ihn den „Preußen-Paul",
Der wollte nicht nur Frösche lieben,
Nicht nur im Flusse oder Teich,
Den hat es hin und her getrieben,
Zu eng war ihm das eig'ne Reich.
Er quakte Liebe übers Wasser,
Schnitt einem Bären gar die Kur[41],
Sprang stolz ins Land der Fröschehasser,
Doch holt' er sich den Schnupfen nur,
Selbst einem Löwen schwur er Treue,
Doch alle lachten ihn nur aus,
Und als er heimkam dann voll Reue,

---

[41] die Kur schneiden = den Hof machen

Wies ihn die Gattin aus dem Haus.
Da quakte er in wildem Grimme,
So laut, wie nie ein Frosch gequakt,
Mit eines Ochsenfrosches Stimme
Hat er die Seinen angeklagt.

Ein Storch, der in der Nähe weilte,
Hat kaum den lauten Schrei gehört,
Als er per Luftschiff zu ihm eilte,
Ein Ruck, der Schreier war verzehrt.
Er lebte noch im warmen Magen,
Der ganz verschluckte Preußen-Paul,
Und weinend hörte man ihn klagen:
„Solch Storch hat ein zu großes Maul!"
Am andern Tag fand man die Reste,
Als hell die gold'ne Sonne schien.
„Das größte Maul ist nicht das beste,
Das merkt euch, Frösche bei Berlin!"

♠

Der Konsul

Kommt im deutschen Vaterlande
Jemand hoch durch Fleiß und Geist,
Hält er's meist für eine Schande,
Wenn er Kaufmann Meyer heißt;
Kaufmann Meyer, wie gewöhnlich!
Jeder Krämer heißt fast so,
Deshalb sucht man höchst persönlich
Einen Titel irgendwo.

Ist man Bartwuchsmittelschwindler,
Macht in Gummisachen gar,
Oder ist ein kleiner Spindler
Für gefärbtes Frauenhaar,
Fabriziert für Leibbeschwerden
Schweizerpillen à la Brandt[42],
Kann man nur höchst selten werden
Königlicher Hoflief'rant.

Doch die Mittel wachsen täglich,
Mehr noch wächst der Gattin Leib,
Und es sehnt sich ganz unsäglich
Nach dem Höher'n Mann und Weib;
Längst schon hat man Pferd und Wagen,
Jährlich wird ins Bad gereist,
Und es ist kaum zu ertragen,
Dass man stets nur Meyer heißt.

Doch da liest er mal im Blatte,
„Konsultitel wird verlieh'n",
Und der gute Ehegatte
Schreibt an Chiffre R. Berlin;

---

[42] Brandts Schweizerpillen: bestehen aus Pflanzenextrakten (zur Blutreinigung und als Abführmittel).

Und es kommt der Dr. Reiter,
Der in solchen Titeln macht;
An dem Tag war Meyer heiter,
Seine Gattin in der Nacht.

Meyer musste deponieren
Tausend Taler auf der Bank,
Nach drei Monat oder vieren
Kam der Titel, Gott sei Dank.
Ach, wie atmete er freier,
Dann ging stolz er auf sie zu:
„Diesen Kuss gibt dir nicht Meyer,
Nein, der Konsul von Peru!"

Ja, das ist die alte Leier
Hier im deutschen Vaterland,
Ist man weiter nichts als Meyer,
Wird man nirgends anerkannt;
Doch zahlt einer tausend Taler
Und wird Konsul von Pi-Po,
Dann schätzt solchen Steuerzahler
Selbst das Polizeibureau.

Auch sich selbst steigt er im Preise,
Seit exotisch er geimpft,
Und er wünscht, dass man ihn „Konsul"
Selbst im Freundeskreise schimpft.
Wie er auch die Schweizerpillen
Nur als Konsul noch vertreibt,
Und im Sterben seinen Willen
„Konsul Meyer" unterschreibt.

♠

Der Parvenü[43]

Sie hatten heut´ dreißig Personen geladen,
Die sollten beneiden das kostbare Haus;
Ganz neu roch das meiste, der Rest roch nach Spindler[44],
Doch stets sah der Großvater „Hausknecht" heraus.

So sah man Gemälde klassischer Meister
Umgeben von Öldrucken niedrigster Art,
Rokokofiguren im altdeutschen Zimmer;
Der „englische" Diener trug „russischen" Bart.

Der Hausherr begrüßte im Smoking die Gäste,
Die Hausfrau lief oft in Erregung hinaus,
Wie ein Dichter nervös vor der Premiere,
Die Mehrzahl der Gäste sah ausgeborgt aus.

Madame gaben eben das Zeichen zum Essen,
Da bot ihr Graf Schnorrman aus Ungarn den Arm.
Was war das? Ein Staunen, ein Tuscheln, ein Lächeln;
Madame wurden kalt und dann gleich wieder warm!

Wo war denn der Hausherr? „Frau Kriegsrat verzeihen!"
„Pardon, meine Damen, pardon, meine Herr´n!
Ich bitte Sie, einen Moment noch zu warten!"
„Gewiss, meine Gnäd´ge!" „Natürlich!" „Recht gern!"

Sie stürzte hinaus: „Wo ist denn mein Gatte?"
Im Schlafzimmer saß er vergnügt auf dem Bett,
Denn sämtliche Stühle gebrauchte man vorne,
Und schnitt aus der „Rundschau" Papier fürs Klosett.

---

[43] Parvenü: Emporkömmling
[44] Unternehmen W. Spindler: Wäscherei- und Färberei-Unternehmen.

Der Ehren-Lump

Ja, du bist ein grundreeller
Schurke, teurer Moritz Scheller,
Glaube mir's, mein Lieber.
Mögen dich auch Orden zieren,
Nachtklubs dich als Mitglied führen.
Bleibst doch nur ein Schieber.

Flüsterst du auch nur beim Sprechen,
Vornehm stets, sogar beim Zechen,
Wie ein span'scher Grande,
Innerlich bist du Plebejer,
Wie dein Vater Schornsteinfeger
In dem Zunftgewande.

Doch trotz der Plebejersitten
War dein Vater wohlgelitten
Als ein Mann von Ehre;
Ehrlich hat sein Herz geschlagen,
Als man ihn zu Grab getragen,
Fiel manch echte Zähre[45].

Aber du, du bist gesunken
Trotz des Reichtums zum Halunken,
Den nie Skrupel quälten;
Hast du je etwas versprochen,
Hast du stets dein Wort gebrochen,
Wenn die Zeugen fehlten.

Meister bist du in dem Fache,
Jede noch so große Sache
Zeugenlos zu schieben;
Geht sie gut, bist du geborgen,

---

[45] Zähre: Träne

Geht sie schlecht, hat er die Sorgen,
Denn du schwörst für sieben.

Ja, du bist ein grundreeller
Schurke, teurer Moritz Scheller,
Trotz der vielen Orden;
Aber, sieh dich vor, mein Lieber,
Denn schon mancher Kali-Schieber
Ist gehangen worden!

Der russische Anarchist

Ein Paradies ist Málaga,
Die Stadt der ew´gen Sonne,
Lebst du, wie einst Diogenes,
Und schläfst in deiner Tonne;
Doch bist du an Komfort gewöhnt
Und frisst nicht nur Kastanien,
So geh´ du nie nach Málaga,
Noch überhaupt nach Spanien.
Hier bist du stets mit einem Fuß
Im afrikan´schen Norden,
Und selbst der europä´sche Fuß
Scheint kürzer dir geworden.
So hinkst du dich durch Spanien durch,
Halb froh, halb widerwillig,
Und denkst, was jedem Spanier Recht,
Ist, Gott sei Dank, dir billig;
Verzichtest du auf Hochkultur,
Den Finger in der Nase,
Und gibt es kein Klosettpapier,
Vertraust du blind dem Grase.
Schon an der Grenze wird dir klar,
Europa ist zu Ende,
Man spuckt und schnäuzt den Boden voll,
Kennt nur geweißte Wände;
Man schreit mit Stimmen rau und tief,
Als gält´ es durch das Brüllen
Die Schwäche eines Arguments
Dem Gegner zu verhüllen.
Von allen Seiten bettelt man
In unverschämter Weise,
Und manch Insekt beschäftigt dich
Und kürzt dir so die Reise.
Die Kinder fallen lästig meist,
Weil sie stets unerzogen,

Und die verehrte Eisenbahn
Macht weiter nichts als Bogen.
Das Essen schmeckt nach ranz'gem Öl,
Und Bürgersmann wie Bauer,
Die tragen unterm Nagelrand
Seit Kuba Landestrauer[46].
Doch sonst ist alles wundervoll,
Ihr braucht euch nicht zu grauen,
Und einzig schön sind meistenteils
Das Klima und die Frauen.
Die Sonne lacht, das Auge blitzt,
Die Grazien tanzen Reigen,
Es schwellt die Brust, es trinkt der Blick,
Das Blut fängt an zu steigen;
Das heiße Herz wird übervoll,
Und deine Lieb' zu grüßen,
Reißt du es aus der Brust heraus
Und wirfst es ihr zu Füßen.

Auch mich treibt es fast jedes Jahr
Ins Land der lauen Lüfte,
Ins Land der schönsten Frauenwelt
Und schlecht'sten Küchendüfte.
Drum zog ich, als der Winter kam,
Nach Málaga vergnüglich,
Und bin verbrannt jetzt wie ein Mohr,
Und fühl mich ganz vorzüglich.
Ich ging hier in ein Pensionat,
Wo keine Spanier wohnen,
Denn, wenn der Mensch auf Reisen ist,
Soll er den Magen schonen.
'ne deutsche Jungfrau führt das Haus,
Die geistig leicht gelitten;

---

[46] Der Verlust seiner Kolonien, insbesondere Kubas (1902), löste eine tiefe Identitätskrise in Spanien aus.

Ich kam im elften Monat her,
Und sie war erst im dritten.
Und heute, wo der Märzwind weht,
Scheint außer ihrem Geiste
Auch stark verrückt nach außen hin
Der Jungfrau schlanke Leiste.
In Deutschland ist es zwar modern,
Zu muttern ohne Gatten,
Man weist auf die Karnickel hin,
Die Katzen und die Ratten;
Doch hier, wo selbst das ärmste Weib
Hält streng auf seine Ehre,
Flieht man die Jungfrau desto mehr,
Als zunimmt ihre Schwere.
Ich ziehe deshalb heute aus,
Ich lieb' im Haus das Reine,
Statt einer Mutter ohne Mann,
Hab' ich schon lieber keine.
Es bleiben so im Hause nur
Noch fünf bis sechs Personen,
Die meisten ziehen morgen um,
Nur zweie bleiben wohnen.
Ein Anarchist mit seiner Frau,
So reif wie ein Assessor,
A. Levschin heißt der gute Mann,
Naturgeschichtsprofessor.
Er stammt ganz nah von Kiew her
Aus scheinbar reichem Hause,
Hat Gelder bei 'ner Münchner Bank.
Vielleicht hat auch die Frau se.
Er schimpft auf Witte[47] und den Zar,
Auf alle reichen Leute,
Und jedem Bettler sagt er mild:
„Ich hab' kein Kleingeld heute!"

---

[47] Sergei Juljewitsch Witte: russischer Unternehmer und Staatsmann.

Wo jetzt in Russland alles gärt,
Da wärmt er sich in Spanien,
Hier gibt es keine Bomben nicht,
Hier gibt es nur Kastanien;
Doch trägt er den Revolver stets
Geladen in der Tasche,
Und außerdem noch Schlangengift
In einer kleinen Flasche.
Für Menschenrechte ficht er stets
Die schönsten Wortgefechte,
Fünftausend Kilometer weit
Vom Kampfplatz jener Rechte.
Dabei ist er ein lieber Kerl
Von neunundzwanzig Jahren,
Ein großes Kind, das Missverstand
Aufs tote Gleis gefahren.
Natürlich glaubt er, statt an Gott,
An Herrn Professor Haeckel[48],
Stammt oberhalb vom Affen ab
Und unterhalb vom Teckel[49].
Er bleibt der deutschen Jungfrau treu,
Die ohne Gatten laichte,
Was seine Frau trotz vieler Müh´
In Jahren nicht erreichte.
So ehrt er zehnfach die Natur
Voll Nächstenliebe immer,
Auch fand er für den gleichen Preis
Wo anders hier kein Zimmer.

Da ich nun heute Abschied nahm,
Dort, wo die Störche dichten,
So musste ich noch in der Früh

---

[48] Ernst Heinrich Philipp August Haeckel: deutscher Mediziner,
Zoologe, Philosoph, Zeichner und Freidenker.
[49] Teckel: Dackel.

Ein traurig Werk verrichten.
Ein kranker Hund, unheilbar lahm,
War uns vor fünf, sechs Wochen,
Da spanisch selbst war unser Zaun,
Ins Pensionat gekrochen.
Ich hatte ihn gehegt, gepflegt,
Gebadet selbst im Zimmer,
Doch statt, dass er gesundete,
Ward er nur täglich schlimmer.
Kein Mensch nahm sich sonst seiner an;
Sollt´ ich da von ihm scheiden?
Schnell sucht´ ich den Revolver vor,
Zu enden seine Leiden.
Doch als der Anarchist das sah,
Tat ihn dies tief bewegen:
„Das arme Tier, ach, tun Sie´s nicht!"
„Gut, wollen Sie ihn pflegen?"
„Ich? Nein! Ich reise auch bald fort!"
Ein Schuss, ein klagend Bellen,
Es stirbt der Hund, der Russe läuft,
So schnell wie zwei Gazellen.

Im Hause heult er wie ein Kind,
Der Haeckel-Antichriste,
Der Zarenmörder, Menschenfreund,
Das nennt sich „Anarchiste"!

♠

Der Kommerzienrat

Sein Selbstbewusstsein ist bedeutend.
Nur eine Meinung gibt's; die seine.
Nach Martin[50] hat er drei Millionen,
Nach seinem Hauptbuch nicht ganz eine.
Dass ehrlich währt am längsten, ist
Sein Grundsatz, wie der aller Reichen;
In seiner Jugend war es der:
Wer vorwärts will, geh' über Leichen!
Er glaubt, er sei Napoleon
In seiner eig'nen Industrie,
Der Fürst der Schuhwichs-Fabrikate,
Der König der Parfümerie.

Er liebt die Kunst nur im Theater,
Und dort stets weiblichen Geschlechts;
Politisch wählt er staatserhaltend,
Sogar sein linkes Bein steht rechts.
Sein Ehrgeiz ist der rote Adler,
Und ein Gespräch mit Majestät;
Am liebsten ein fotografiertes,
Dass dann auf seinem Schreibtisch steht.
Er gibt sehr reichlich für die Armen,
Wenn er es nicht umgehen kann;
Doch mehr noch gibt er für die Kirche,
Wenn Mirbach[51] tritt an ihn heran.
Er tut es nur zu guten Zwecken,
Weil er im tiefsten Herzen ist
Ein guter Mensch, ein guter Bürger,
Ein Patriot, ein guter Christ!

---

[50] Rudolf Martin: Herausgeber des Jahrbuches der Millionäre
[51] Wilhelm Maria Theodor Ernst Richard Graf von Mirbach-Harff: deutscher Diplomat und Botschafter.

Viel mehr noch gibt er im Geheimen,
Wenn du's nicht glaubst, so pump ihn an;
Am meisten aber seiner Tochter,
Wenn sie Frau Leutnant werden kann.

Seine Frau

Schlank wie eine Heringstonne,
Die sich dem Zerplatzen naht,
Spricht voll Stolz ihr schönes Auge:
Ich bin Frau Kommerzienrat!
Da sie mangelhaft gebildet,
Schwärmt sie mehr für Richard Strauß,
Ibsen, Nietzsche, Heinz Tovote[52],
Tristan und die Fledermaus.
Läd zu sich die „Koniferen",
Oder wie sie auch wohl sagt,
Lauter „illustrierte" Künstler,
Weil das Fremdwort sie noch plagt.
Ist natürlich Patronesse
Von dem deutschen Kinderbund
Mit der Gräfin Pump von Nixdorf
Und Frau Konsul Schmuhl von Schund.
Immer muss sie Gutes stiften,
Geht zur ärmsten Wöchnerin[53],
Um mit ihr zum Herrn zu beten,
Und bringt Wassersuppe hin.

Schlecht behandelt sie die Mädchen,
Schlechter noch das Fräulein nur,
Weil sie ihm die Bildung neidet
Und die bessere Figur.

---

[52] Heinz Tovote: deutscher Schriftsteller.
[53] Wöchnerin: Frau in den ersten sechs bis acht Wochen nach der Geburt.

Sonst ist sie das liebe Wesen,
Das den Gatten stets erbaut,
Ganz besonders nachts im Schlafe,
Wenn sie nicht schnarcht gar zu laut.

Sein Sohn

Eingebildet ist der Lümmel,
Wie der blödeste Tenor,
Dabei ist er selbstverständlich
Noch nicht trocken hinterm Ohr.

Er besuchte sieben Jahre
Das Realgymnasium,
Danach kam er auf die Presse.
Als das dritte Jahr war um,
Hatte endlich er ersessen
Und zusammen sich geraucht
Jenes Zeugnis, das der Jüngling,
Um ein Jahr zu dienen, braucht.

Jetzt gilt nun sein ganzes Sehnen
Dem Reserveleutnant noch,
Und er wird sein Ziel erreichen,
Langsam, aber sicher doch.

Im Geschäfte ist er tätig
Als feudaler Tagedieb,
Schikaniert die Herren meistens,
Doch die Mädel hat er lieb.
Alle Bars und Nachtlokale
Frequentiert er ziemlich stark,
Hat das Glück bei den Kokotten,
Das man kauft für 20 Mark.
Tritt er ein, begrüßt ihn jede;

Selig ist er, und er grient,
Dass ihn jene Frauen lieben,
Weil sein Vater Geld verdient.

Lebt sein Vater noch so lange,
Bis der Sohn ist selber alt,
Kann er noch vernünftig werden;
Sonst frisst ihn der Staatsanwalt.

Seine Tochter

Genta heißt die älteste Tochter,
Sie spielt Tennis und Klavier;
Tennis gut, Klavier erbärmlich,
Aber Rosenkavalier.
Parlt francais and speaks the English
Mit ganz leidlichem Akzent;
Hat ein Reitpferd, acht Verehrer,
Und für sechzehn Temp'rament.
Tango tanzt sie nur aus Pflicht,
Die Primeurs der Liebe kennt sie,
Nur das letzte wagt sie nicht.

Mit der Mutter kämpft sie immer,
Die ist ihr zu unmodern,
Und vertreibt ihr durch ihr Wesen
Oft die allernettesten Herrn.
Vater ist ihr zehnmal lieber,
Weil er sie nicht schikaniert,
Und er merkt nicht, wenn sie ausgehn,
Dass sie rechts und links poussiert.

Donnerstags geht sie zur Freundin;
Kommt nach Hause, wenn's ihr passt,
Und die Freundin ist natürlich
Bei Kommerziensrats zu Gast.

Da die Eltern sie nicht kennen
Ist gefahrlos fast das Spiel:
Außerdem, wer kennt die Leutnants,
Wenn sie ausgehn in zivil?!

Bald lernt sie im Seebad kennen
Einen, der sie nicht durchschaut:
Linienleutnant, alter Adel;
Schüchtern tut sie, und wird Braut.

Sein Prokurist

Im Anfang schrieb er alle Briefe
Und schnürte die Pakete ein;
Er führte auch die Portokasse,
Denn sonst war sein Gehalt zu klein.
Dann ist er mit dem Haus gewachsen,
Bekam die Kasse nach zehn Jahr'
Und wieder fünfzehn Jahre später
Erhielt Prokura er sogar.
Mit 1000 Mark pro Jahr begann er,
Heut' hat er fast 4000 schon;
Und bei dem gold'nen Jubiläum
Erhält er eine Uhr zum Lohn.

Nach unten ist er niederträchtig.
Nach oben aber sehr devot;
Weil ihm es oft verbittert wurde,
Verbittert andern er das Brot.
Pedant bis in die Fingerspitzen,
Zum frischen Fluge längst zu matt,
Soll jeder Untergeb'ne fühlen
Die Last, die er getragen hat.
Zum Kunden immer kriechend-freundlich,
Zum Lieferanten ungeschlacht:
Der Kuli muss natürlich fühlen,

Dass die Prokura gibt auch Macht.
Und weil der hohe Chef bisweilen,
Wenn durchgeht ihm das Temp'rament,
Den Prokuristen vor den Leuten
Ein altes dummes Rindvieh nennt,
So rächt sich dieser mit den Hörnern,
Die ihm verlieh der Herr vom Bau,
Am Personal, den Lieferanten,
An seinen Kindern, seiner Frau.

Sein Reisender

Die ganze Welt regiert die Schnauze,
Von diesem Grundsatz geht er aus,
Wenn er mit seinem Musterkoffer
Als Hermes zieht von Haus zu Haus.
Er kleidet sich nach neuster Mode,
Und ist dabei sein höchstes Ziel,
Dass alle kleinen Mädchen glauben,
Er sei ein Leutnant in zivil.
Mit etwa jedem dritten Satze
Macht er bei seiner Kundschaft Staat,
Indem er unauffällig einflicht:
So sagt der Herr Kommerzienrat!
Natürlich hat er's gar nicht nötig
Bei seines Mammons Überfluss,
Die faule Kundschaft zu besuchen,
Er tut's nur, weil er's tun muss.
Die Reisenden von Mittel-Firmen
Sieht er nicht als Kollegen an,
Weil man mit Krethi oder Plethi
Doch keinesfalls verkehren kann.
Und auch die Herren im Kontore
Behandelt er nur gönnerhaft,
Er ist allein der Wert des Hauses,
Der Weltruhm und Vermögen schafft.

Und ist er mal beim Chef geladen,
So lügt er, dass die Firma kracht,
Was ihm Herr Rat beim Abendessen
Für Komplimente hat gemacht.

Doch, als er war zu frech geworden,
Macht er der Tochter von dem Haus
Höchst selbstbewusst den Heiratsantrag:
Am nächsten Morgen flog er raus.

Sein Chauffeur

Eine allererste Rolle
Spielt im Hause der Chauffeur;
Fast ist er der Freund des Hauses,
Und er hält sich noch für mehr.
Auf den Prokuristen sieht er,
Wenn auch kollegial, herab;
Muss er ausnahmsweis' ihn fahren,
Fährt er ihn im Droschkentrab.
Denn der Schlaukopf hält es immer
Mit der Frau Kommerzienrat
Und dem jungen Herrn des Hauses,
Denen er devot stets naht.
Deshalb ist auch unersetzlich
Der Familie „unser Fritz",
Denn Frau Rat steigt in kein Auto,
Sitzt nicht Fritz auf seinem Sitz.
Und der junge Herr behauptet,
Eine Perle sei der Mann,
Weil er nachts für Liebesfahrten
Heimlich ihn benützen kann,
Fritz ist dankbar und verschwiegen,
Manch Fünfmarkstück fällt an ihn,
Wagt der Prokurist zu sagen:
Er verbrauche viel Benzin!

Ist für den das sehr gefährlich,
Denn die Frau Kommerzienrat
Und der junge Herr des Hauses
Sind die höchste Macht im Staat.

Deshalb sagt er lieber gar nichts,
Sieht mit Neid auf „unsern Fritz",
Der mit jedem Tag sitzt fester
Auf des Autos Führersitz.

Der fürstliche Rat

Ein schöner Kerl, doch ohne Geld,
Ein Liebling leichter Frauenwelt;
Ein Schuft, der nur sich selber liebt,
Doch stets als Biedermann sich gibt.

Plötzlich blühte ihm das Glück,
Als mit Frechheit und Geschick
Er 'ne alte Schachtel fand,
Die sehr reich war, wie bekannt.
Nie gereut, hat jung gefreit;
Hochzeit war in kurzer Zeit.

Nach drei Jahren starb sie dann:
Er allein weiß es: Woran?
Furchtbar war des Gatten Schmerz,
Selbst ein Schuft hat dann ein Herz,
Wenn die Gattin stirbt zu bald,
Denn es lebt der Staatsanwalt!

Da allein'ger Erbe er,
War er Multimillionär;
Das betäubte seinen Schmerz;
Selbst ein Schuft hat oft ein Herz!
Trotzdem war er kaltgestellt
In der zahlungsfäh'gen Welt;
Riecht sonst Geld dort auch nicht mehr,
Seines stank doch gar zu sehr.
Wegen dieser Niedertracht
Ging er auf die Ordensjagd;
Machte Spenden, wo es ging,
Bis im Knopfloch etwas hing.
War's auch nur vom Fürsten Pfurz
Eine Woche vor dem Sturz,
Ein Jahr später kam bereits

Etwas an von Schnick-Schnack-Schneiz.
Später von dort ebenfalls
Solch ein Spielzeug um den Hals,
Das nur jenen Träger ziert,
Der sich seiner nicht geniert.
Da der Fürst von Schnick-Schnack-Schneiz
Heut schon wieder klamm bereits,
Wird der Schuft bald in der Tat
Fürstlich Schneiz'scher Kammerrat.
Und ist er erst das geworden,
Reist mit Titel er und Orden
Dorthin, wo ihn niemand kennt,
Wo mit Orden und Talent
Für ein Mädchen er entflammt,
Das aus gutem Hause stammt.
Und gelingt ihm dieser Trick,
Kehrt verehelicht er zurück;
Und mit Rücksicht auf die Frau
Nimmt man's dann nicht so genau;
Man empfängt das junge Paar,
Wenn auch einmal nur im Jahr.

Doch vergesslich ist die Zeit,
Sie vergisst selbst Schuftigkeit,
Wenn ein reicher Kammerrat
Auto, Pferde, Orden hat.
Stank sein Geld auch erst sehr arg,
Heute riecht es nur noch stark,
Morgen riecht es weniger,
Übermorgen gar nicht mehr,
Und in ein paar Jahren dann
Ist der Schuft ein Ehrenmann,
Der für alles, was er tat,
Schließlich wird „Geheimer Rat".

Der Vormund

Ein Vormund ist natürlich oft
Viel dümmer als sein Mündel,
Zum Beispiel, wenn das Mündel schon
Entwachsen längst der Windel.
Besonders aber trifft das zu,
Wenn dich der Staat entmündigt,
Weil du in deiner Jugendzeit
Aus Übermut gesündigt.
Dann wählt der Staat den Vormund dir,
Der ist dann dein Berater,
Dein Geldschrankschlüssel in Person,
Dein aufgezwungner Vater.
Und ist der Kerl auch noch so dumm,
Er hat zu disponieren,
Er frisst dir deine Zinsen auf,
Dich hierdurch zu kurieren.
Und stehst du auf dem Standpunkt dann,
Der Mann kann nicht verwalten,
So gehst du hin zum Amtsgericht,
Um Vortrag dort zu halten.
Der Richter prüft den Fall genau
Und sagt dann meist sehr herbe:
Natürlich hat der Vormund recht,
Das liegt schon im Gewerbe!
Das machst du wohl ein dutzendmal,
Doch alles bleibt beim Alten,
Denn, wenn man einen Vormund hat,
Hat man den Mund zu halten.
Drum hälst du schließlich deinen Mund,
Vertraust ihm blind dein Erbe;
Er spricht für dich, er frisst für dich,
Das liegt so im Gewerbe.
Und wenn er selbst ein Ochse ist,
Ein Rindvieh erster Güte,

Dein Vormund bleibt er deshalb doch,
Das führ' dir zu Gemüte.
Nur, wenn der Ochs vier Beine hat,
Sind aussichtsreich Beschwerden,
Doch leider kann ein solches Vieh
Erst gar nicht Vormund werden.
Ein Ochse, der vier Beine hat,
Verwaltet nie ein Erbe,
Nur nach der Zahl der Beine geht's,
Das liegt so im Gewerbe.
Ja, ja, man findet beim Gericht
Die tollsten Paradoxe:
So kann kein Ochse Vormund sein,
Ein Vormund aber Ochse.

Der Normalmensch

Ich bin als Normal-Rindvieh
Staatlich hoch geschätzt,
Denn ich fühle mich auf Wunsch
Sittlich schamverletzt.
Doch ich werde stets nur rot,
Wenn man es verlangt;
Schwanke mit dem Schamgefühl,
Wie es selber schwankt.
Sagt der Staatsanwalt zu mir,
Venus sei ein Schwein,
Stellt sich bei mir im Moment
Schamverletzung ein.
Spricht jedoch das Landgericht
Fräulein Venus frei,
Seh ich sie sogar mal an
Und find' nichts dabei.
Nennt es später ihr Porträt,
Schamlos auf Papier,
Hol ich schnell mein Schamgefühl
Und bin außer mir.
Aber, wenn das Reichsgericht
Anders urteilt dann,
Seh ich harmlos wie ein Kind,
Mir das Bildchen an.
So mit meinem Schamgefühl
Schwank ich hin und her,
Grad, als ob mein Schamgefühl
Angesäuselt wär.
Heute bin ich wild empört,
Morgen sanft und mild.
Je nachdem, wie ich es muss,
Vor demselben Bild.
Nenne Kunst, wenn man's verlangt,
Schweinerei sogar,

Und weiß erst beim Reichsgericht,
Ob verletzt ich war.

Werd´ ich auch oft bloßgestellt,
Ist mir das egal,
Denn ich bin ja, Gott sei Dank,
Unnormal normal!

♠

O Zabern[54], o Zabern

O Zabern, o Zabern,
Du wunderschöne Stadt,
Die Militär-Soldaten
Und auch den „Wackes[55]" hat.

O Leutnant, o Leutnant,
Beschützt vom Bajonett,
Man schießt mit dem Gewehre,
Doch niemals nicht im Bett!

O Schuster, o Schuster,
Bist lahm auch du und schief,
Ein preuß'scher Leutnantssäbel
Haut immer putativ[56]!

Herr Oberst, Herr Oberst,
Gebt uns den Cohn heraus;
Schert euch zum Teufel, „Leute",
Jetzt bin ich Herr im Haus!

O Zabern, o Zabern,
Du wunderschöne Stadt,
Wo Freiheit, die ich meine,
Ins Gras gebissen hat.

Herr Jagow[57], „von Jagow",

---

[54] Zabern = Saverne: Stadt im Unterelsass.
[55] Wackes: in der Nordwestschweiz, in Baden und in der Pfalz früher geläufigere und meist abwertend verwendete umgangssprachliche Bezeichnung für den Bewohner des Elsass.
[56] putativ: vermeintlich, eingebildet, irrtümlich, auf einem Rechtsirrtum beruhend
[57] Günther Gottlieb Karl Eugen von Jagow: deutscher Diplomat und Politiker.

Herr Doktor, Präsident,
Vergiss nicht, selbst zum Schreiben
Hat mancher kein Talent!

Herr Kanzler, Herr Kanzler,
Der Leutnant triumphiert.
Ich fürchte, wenn es herbstelt,
Dann wohnst du auch möbliert!

Der gefühlvolle König

Es war einmal ein König,
Wie's deren gibt so wenig,
Der hatte viel Gefühl
Und ein Automobil.

Jedoch beim Autofahren
Tat er's Gefühl bewahren
In seinem Busen flink,
Weil's sonst zu langsam ging.

Fuhr er auch manchen über,
Es war ihm dies viel lieber,
Als dass er fuhr mit Maßen
Durch frequentierte Straßen.

Natürlich Sozialisten
Und andre Anarchisten
Beschwerten sich nicht wenig.
„Nu, wenn schon!" sprach der König.

Ich finde es ganz richtig,
Die sind nur eifersüchtig.
Die haben lange Weile,
Ein König hat stets Eile.

Zum Beispiel kommt er später
Zu Old Englands Vertreter,
Als Griechenlands Vasallen,
So sind wir reingefallen.

Auch muss zum Schloss er eilen,
Wo die Minister weilen,
Die ohne ihren Leiter
Nur Nullen sind, nichts weiter.

Dort muss er depeschieren,
Des Reiches Bücher führen,
Verfassungen beeiden
Und Kriege dort vermeiden.

Da hängen die Geschicke
An einem Augenblicke,
Ist er nicht stets zur Stelle,
Geht's schief auf alle Fälle.

Dann muss er Reden reden,
Das ist gewiss von Nöten,
Private Briefe schreiben,
Um auf der Höh' zu bleiben.

Nur so kann er regieren,
Des Reichs Geschäfte führen,
Ist er dabei nicht immer,
Zerfällt das Reich in Trümmer.

Der Feind das Land vernichtet,
Wir sind zugrund gerichtet,
Man schießt uns unsre Brüder
Millionenweise nieder.

Man schändet unsre Schwestern,
Nur weil der König gestern
Zu langsam fuhr nach Hause,
Zu schonen Cohn und Krause.

Um Zweie so zu schonen,
Verbluten Millionen,
Nur weil die Sozialisten
Sich immer falsch entrüsten.

Nein, König, rase weiter,
Als unsres Landes Leiter,
Mit dem Automobile
Nach deinem hohen Ziele.

Überfährst du dann Passanten,
Wähle möglichst reiche Tanten;
Fürs Vaterland zu sterben,
Ist süß und nützt den Erben!

TEIL II – DAS SALZ DER ERDE

Aristokratisch fühlt der Deutsche
In keiner großen Mehrheit nicht,
Kaum zehn Prozent sind ausgenommen,
Man sieht es gleich schon am Gesicht.
Die Mundpartie ist selten edel,
Die Nase plump, die Backen rund,
Der echte deutsche Micheltypus,
Schwer, hölzern, breit und kerngesund.
Er hat auch selten feine Hände,
Und eine breite schwere Hand
Weist nie auf feineres Empfinden,
Schon eher oftmals auf Verstand.
Es hat der Bettler in Arabien,
Der ärmste Spanier in der Tat
Fast immer ungleich fein're Hände,
Als hier der Herr Kommerzienrat;
Hier haben erst die besten Kreise,
Die allerdings sich mehren jetzt,
Die Parvenü-Zeit überwunden,
Die nach dem Kriege eingesetzt.
Die Rasse, die durch schwere Zeiten
Verlor die fein're Politur,
Braucht immer lange, zu verwischen
Der Armut und der Schwielen Spur.
Drum sitzt des Deutschen Seelenadel
Oft, konserviert durch Bier, im Bauch.
Erst bei dem achten Glase Bayrisch,
Mitunter bei dem zehnten auch,
Ringt sich die Seele frei nach oben,
Wird patriotisch oft, oft weich,
Singt Lindenblüten-Mondschein-Lieder
Und Lieder auf das deutsche Reich,
Mit Knödeltönen tief im Halse,
Die meist verstimmen das Klavier,
Und immer deutscher wird die Seele
Mit jedem neuen Glase Bier.

Natürlich wirst du das bestreiten,
Germaniens hünenhafter Sohn,
Fehlt deinem Ohr doch das Empfinden
Für einen wirklich feinen Ton;
Du kannst ja nicht einmal entdecken,
Wie unschön deine Sprache ist,
Da stets ein Dutzend Konsonanten
Den Klang von zwei Vokalen frisst.
Und kommt dazu der schneid´ge Tonfall
Des Herrn Barons im Speisesaal,
Des p. t.[58] Schutzmann zu dem Bürger,
Des hohen Chefs zum Personal,
Wird jedes fein´re Ohr beleidigt.
Dem Widerspruche beug´ ich vor:
Ich meine mit dem fein´ren Ohre
Nicht das Reserveleutnants-Ohr.
Denn das versteht man wohl am Ende:
Wer nur die deutsche Sprache spricht,
Und wem so die Vergleiche fehlen,
Der hört die harten Laute nicht;
Dem klingen überaus phonetisch
Die Worte: „Kerl, er ist zu faul!
Zurückgetreten! Stillgestanden!
Du Lümmel, quatsch hier nicht, halt´s Maul!"
Gern hört er solche Sphärenklänge,
Doch dem musikbegabten Ohr
Kommt diese Konsonantensprache
Kaum schöner noch als böhmisch vor.
Nur dort, wo man die Konsonanten
Am liebsten ganz verschlingen möcht´,
In Wien, in München, wie beim Plattdeutsch,
Klingt oft das Deutsche gar nicht schlecht.
Und bist du, Leser, and´rer Meinung,

---

[58] p. t. = pleno titulo: bei der Ansprache von Personen mit
unbekanntem Titel die Nennung des Titels ersetzend.

Und deine ist mir tutmehmschos[59].
Es würde damit nur bewiesen,
Wie ungeheuer schwer es hält,
Den Wert von Dingen einzuschätzen,
Die uns vertraut als uns're Welt,
Das eig'ne Ich mit seinen Schwächen,
Die alle ja so menschlich sind,
Denn kommt das eigne Ich in Frage,
So ist fast jeder taub und blind.
Und wie bei dem markanten Beispiel
Gewohnheit unser Urteil schwächt,
So ist es auch mit ander'n Dingen,
Wer nicht vergleicht, ist ungerecht.
Da trichtert man schon in der Schule
Den Kindern Größenwahnsinn ein:
Allein, was deutsch ist, ist gediegen,
Gemüt wächst nur am deutschen Rhein;
Die ganze Welt dreht sich im Kreise
Um Deutschland, Mittelpunkt Berlin,
Allein der deutsche Mann kann denken,
Die deutsche Frau allein erzieh'n.
Ganz ernsthaft glaubt schon uns're Jugend:
Die Welt hört hinter Deutschland auf,
Und deutsche Tiefe, deutsches Wissen
Die ölen uns'res Erdballs Lauf.
Und aus den Kindern werden Eltern,
Die immer noch der Wahn umweht:
Wir Deutsche sind das Salz der Erde;
So ähnlich sprach wohl Majestät?!
Kamm dann solch` Riesenkind nach London,
Nach Rom, nach Boston, nach Madrid,
Nach Sydney, Hongkong, Kapstadt, Lima,
Mit echtem deutschen Hosenschnitt,
Mit Preußen-Stiefeln, woll'nen Hemden,

---

[59] tutmehmschos : mir ganz egal, schnuppe, gleich.

Mit grauen Socken, angestrickt,
Dann hat es mit den blauen Augen
Ganz weltfremd vor sich hingeblickt:
„Das also sind die fremden Länder,
Von denen einst der Lehrer sprach,
Das sind die Völker, die uns Deutschen
Nach seiner Meinung hinten nach!
Du edler deutscher Schulprofessor,
Ich wollt', du hinktest auch mal so,
Dann wärst du nicht mehr solcher Kleingeist,
Und deine Schüler würden froh!"
Da sieht man denn, dass and're Länder
Sind mindestens so weit wie wir;
In vielen Dingen noch viel weiter;
Herrscht auch wohl größ're Ordnung hier,
Im Land der ew'gen Vorgesetzten,
Meist auch mehr Wissen bei der Plebs,
Zum Beispiel weiß der Schlächterlehrling
Oft das latein'sche Wort für Schöps[60],
Spricht auch der Subalternbeamte
Französisch, wenn er lebhaft träumt,
Und der gelockte Heringsbänd'ger
Singt Mozart, ist er aufgeräumt,
Indes dort draußen herrscht die Freiheit,
Auch feineres Empfinden meist,
Fast überall mehr Schick und Grazie,
Und nur zu oft mehr Witz und Geist;
Für echte Kunst hat der Romane
Weit mehr natürliches Gefühl,
Und wied'rum hat der Angelsachse
Mehr Größe und mehr eig'nen Stil.
Und ist der Deutsche länger draußen,
Kommt ihm sein Deutschland kleinlich vor,
Dies riesenhafte Schulgebäude

---

[60] Schöps = Hammel

Mit seinem Ober-Bonzen-Korps.

Dort draußen kann er freier atmen,
Nicht abgezirkelt ist die Luft,
Kein Schutzmann reißt ihn auseinander,
Kein Vorgesetzter schnauzt und pufft.

Nur allzu oft geht er verloren
Dem ihm zu engen Vaterland,
Doch jene, die da wiederkehren,
Gefesselt durch so manches Band,
Die fühlen zehnfach jene Enge
Jetzt, wo die Augen offen sind,
Verwundert blickt man auf die andern
Und fragt: warst du einst auch so blind?

Hast wirklich du mit gleichen Augen,
Wie jene, in die Welt gestiert?
Warst wirklich früher du der Meinung,
Dass Deutschland diesen Erdball schmiert?
Schien dir der königliche Leutnant
Auch als ein Fortschritt der Kultur?
Und war dir immer Frau Geheimrat
Solch´ eine komische Figur?
War stets der General-Anzeiger
Tatsächlich schon so sündhaft blöd?
Das tiefe deutsche Geistesleben
Am Biertisch damals schon so öd?

Erschien dir je der deutsche Kaiser
Als Mann, der einem Bismarck gleicht?
Und welches Wort hat er gesprochen,
Das an ein Wort von Bismarck reicht?
War er nicht schon zu jenen Zeiten
Ein Fürst, wie andere zumeist?
Ein Durchschnittsgeist mit guter Bildung,
Nur, dass er zu viel spricht und reist,
Und dass er oft diversen Musen
Von weitem gnädig zugewinkt,
Als Dilettant im schönsten Sinne,

Dem nie ein Werk von Wert gelingt.
Und wenn der Leser der „Arena[61]"
Ihn nennt den größten deutschen Geist,
Beweist nicht das allein schon deutlich,
Dass deutsch nicht stolz und vornehm heißt?
Und waren all´ die deutschen Brüder
Politisch früher schon so matt
Und ließen sich am Halsband führen,
Dem Hunde gleich, der treu und satt?
War immer schon der hohe Reichstag
Ein Kasperle-Theater nur,
Wo man mit unsichtbaren Fäden
Von oben lenkt die Holzfigur?
Hat man dann so von allen Seiten
Das teure Vaterland beseh´n,
Dann möchte man am allerliebsten
Baldmöglichst wieder weitergeh´n;
Man sieht den Rückschritt in so vielem,
Man hinkt ja fasst dem Russen nach,
Und das lässt sich kein Volk gefallen,
Das Volk der „Denker", welche Schmach!
Unmündig noch in jeder Weise,
Geduckt, ja schon beinah´ kastriert,
Ein Volk, so fleißig wie kein zweites,
G´rad wie ein Negervolk regiert.
Allein im Süden noch Bewusstsein,
Der Norden tanzt wie an der Schnur,
Verpreußt bis in die Pickelhaube,
Statt Männer meist Lakaien nur.
Kommerzienrat und Oberlehrer,
Reserveleutnant, Hofbaurat,
Justizrat, Polizeiassessor,

---

[61] Original-Fußnote: neue Berliner Halbmonats-Zeitschrift, die sich gleich mit der ersten Nummer durch ein albernes Preisausschreiben lächerlich machte.

Sind Blüten im Lakaienstaat.
Der „kaiserliche" Bankbuchhalter,
Der „königliche" Mann der Bahn,
Der „fürstliche" Gerichtsvollzieher,
Sind alle krank am Titelwahn.
Der Teufel! Zahlt das Volk die Leute,
Zahlt sie ein Kaiser oder Fürst?
Du dienst dem Volke, nicht dem Kaiser,
Wenn du vom Volk besoldet wirst;
Vor deinem Volk brauchst du nicht buckeln;
Ihr buckelt aber gar zu gern,
Ihr seid ja nur Lakaienseelen,
Euch fehlt der inn're Stolz zum Herrn.
Und so ein Volk erstrebt die Weltmacht,
Das wie ein Kind sich leiten lässt!!
Lernt einmal erst euch selbst regieren,
Macht erst das eig'ne Rückgrat fest;
Zeigt, dass ihr Herren seid, nicht Diener,
Und euer Los euch selbst bestimmt,
Und sorgt dafür, dass euer Kaiser
Die Männer eures Willens nimmt!
Nehmt England euch zum guten Beispiel,
Wo jeder seinen König liebt,
Jedoch dem König, was des Königs,
Dem Volke, was des Volkes gibt.
Wer tut das noch im deutschen Reiche?
Am meisten noch der Sozialist,
Die ander'n treiben alle Schacher
Mit dem, was ihres Volkes ist.
Man tut den königlichen Willen
Und schachert Werte dafür ein,
Treibt Politik wie Pferdehandel,
Kaum wahrt man hierbei noch den Schein.
Drum ist auch völlig schon verloren
Zu den Parteien das Vertrau'n
Beim Mittelstand, dem Kern des Volkes,

Am Wahltag fühlt man fast ein Grau'n.
Wer wahrt heut' Mittelstandsint'ressen?
Die Reichspartei, das Zentrum gar?
Der sogenannte Liberale,
Der hohe Herr mit Halm und Ar[62]?
Die Industrie- und Handelsfürsten,
Die Hoch- und Wohlgebor'nen Herrn,
Die Juden und die Antijuden,
Dem Mittelstande steh'n sie fern.
Sie treiben nämlich Pferdehandel
Und beugen sich dem Kapital,
Der Kirche oder der Regierung.
Ist das politische Moral?
Allein die Sozi haben Rückgrat,
Die schachern und scharwenzeln nie,
Weshalb sie täglich mehr gewinnen
Des freien Mannes Sympathie.
Aus ihren Reihen wird entstehen
Vielleicht die Mittelstandspartei,
Wenn sich erst loslöst die Elite
Und völlig macht von Bebel frei,
Von ihm, der zäh' noch hängt am Alten,
Was ihm von seinem Ruhm nichts raubt,
Ihm dankt das Vaterland so vieles,
Unendlich mehr, als mancher glaubt;
Er ist ein Held, trotz aller Fehler,
Ein Mann von Ehre, Geist und Mut,
Den mancher noch zu spät wird ehren,
Wenn Bebel einst im Grabe ruht.
Und wahrlich, müsst' ich heute wählen,
Ich tät's aus inner'm Zwiespalt nie,
Ich wählte nur den Sozialisten,
Und sicher nicht aus Sympathie;
Denn ich bin wirklich alles and're

---

[62] „mit Ar und Halm" = bemittelter Adliger

Als Sozialist in Bebels Sinn,
Ich glaub' nicht an das Recht der Waffen,
Mein Weg führt mich wo anders hin.
Ich glaube an das Recht des Geistes,
Dem Geiste wünsch' ich freie Bahn,
Und nicht dem Adel, nicht der Waffe,
Noch eines Königs Größenwahn.
Allein die Besten sollen herrschen,
Und nur als ein Symbol der Macht
Wünsch' ich als Mittelpunkt den König,
Und gönne ihm des Purpurs Pracht.
Nur das Regieren soll er lassen,
Das passt nicht in die heut'ge Zeit,
Auch zeig' er vor dem Geist des Volkes
Die nötige Bescheidenheit;
Die steht den Herren aller Völker
Zurzeit am besten zu Gesicht;
Denn ein „Genie" von Gottes Gnaden
Lebt unter ihnen allen nicht.
Kaum ein Talent im höh'ren Sinne,
Vielleicht ist König Eduard eins,
Vielleicht auch noch ein Prinz in Bayern,
Sonst aber kenn' ich wirklich kein's.
Doch selbst, wenn heut' vom Himmel fiele
Ein preußischer Napoleon,
Er müsste kläglich untergehen,
Nur Undank wär' des Mannes Lohn.
Selbst Bismarck brauchte seinen Moltke[63],
Und Moltke sein geschultes Heer
Und ein begeistert' Volk – doch heute
Fehlt's an dem allen gar zu sehr.
Man ist des ew'gen Schwätzens müde,
Fast wünscht man einen harten Schlag,

---

[63] Helmuth Karl Bernhard von Moltke, ab 1870 Graf von Moltke: preußischer Generalfeldmarschall.

Der uns dann endlich einmal brächte
Des freien Volkes Ehrentag.
Und doch, ich glaub', wenn wir nur wollten,
Wir wären frei bald bis ins Mark,
Blickt auf die Macht der Zentrumsleute
Und seht: nur Einigkeit macht stark.
Wer kann uns wohl im Ernste hindern,
Geh'n wir den eig'nen Weg zum Licht,
Wenn wir in Einigkeit uns finden?
Doch leider sind wir einig nicht.
Heut' kann man wirklich nur noch raten:
Wählt euren Sozi, macht euch frei,
Glaubt nicht, dass dieser raue Bursche
Der Räuber eurer Börse sei.
Schickt hundertneunzig rote Männer
In euer krankes Parlament,
Das frische Blut lässt es gesunden
Und gibt ihm wieder Temp'rament!
Noch besser wär's, wenn all die Leute,
Die heute Deutschland machen stark:
Die Leute, die im Jahr verdienen
Zumindest fünfzehnhundert Mark
Bis etwa fünfzehntausend höchstens,
Das heisst vom besser'n Arbeitsstand
Bis zu der geistigen Elite,
Sich reichten brüderlich die Hand,
Und schlössen ohne Blick nach oben
Den Deutschen Demokraten-Bund,
Der würde bald die Macht besitzen,
Zu heilen, was jetzt ungesund.
Der müsste dann das Wahlrecht ändern,
Das mich schon immer tief empört,
Das Recht, aus dem man Nutzen erntet
Der, dem das Stimmvieh zugehört.
Es muss des Reichstags eine Hälfte
Gewählt sein von dem Mittelstand,

Das heißt, vom Demokraten-Bunde,
Nur der allein macht stark ein Land;
Ein Viertel von den reichen Leuten,
Vom Proletariat der Rest,
Das wäre wohl das Machtverhältnis,
Das rechtlich sich verteid´gen lässt.
Doch das sind schöne, stille Träume;
Und, da der Traum ein Trugbild ist,
So wiederhole ich noch einmal:
Wählt einen nur, den Sozialist´.
Es ist das klein´re von den Übeln;
Und ist erst die Regierung weich,
Dann baut euch Hand in Hand mit dieser
Das deutsche Demokraten-Reich.
Das muss dem Geist zur Macht verhelfen
Und nicht allein der blöden Zahl,
Denn überall sind stets die Dummen
In Mehrheit ein für allemal.
Das ist zwar für die Schwachen peinlich,
Und fühl´ ich deshalb auch für sie,
Doch schließlich sind wir keine Esel
Und werten anders, als das Vieh;
Gerechtigkeit im Waffensinne
Hat nie das Licht der Welt erblickt,
Und lieber soll der Dumme leiden,
Als dass den Klugen er erstickt.

Dann fort mit uns´rer Überbildung
Für Leute, deren Kopf voll Stroh!
Vier Jahre Schule sind genügend
In jedem Lande für das Groh.
Die zehn Prozent der hellen Köpfe
Erziehe man umsonst sodann,
Dass selbst das kluge Kind des Bettlers
Im Leben vorwärts kommen kann;
Dass selbst der Ärmste nicht brauchen fürchten,

Der für sich selbst den Kampf gab auf,
Dass auch die Seinen immer wieder
Nach unten führt des Lebens Lauf.
Und jene, denen Gott mit Absicht
Die allzu nied´re Stirn verlieh´n,
Die braucht man nicht in langen Jahren
Zu halbgebildeten erzieh´n.
Denn solche Läuse sind gefährlich
Im Pelz, den sich das Volk genäht,
Und deshalb setz´ sie dir nicht selber,
Die Reue kommt sonst leicht zu spät.
Schickt in die Schulen eure Kinder
Vom achten bis zum zwölften Jahr,
Danach das Gros der Unbegabten,
Das sich ein weiser Gott gebar,
Zwei Jahre noch hinaus ins Freie,
Dort bilde man den Körper aus,
Das ist viel wicht´ger und viel besser,
Als Schulgewäsch im engen Haus.
Die Kirche muss der Staat behalten.
Wozu dem Volk das Glück geraubt?
Ich war nur glücklich zu den Zeiten,
Als an den Himmel ich geglaubt.
Die Kirche wirkt auch nicht verdummend
Durch ihre Herzens-Poesie,
Der Kluge glaubt nicht an das Märchen,
Und schenkt ihm dennoch Sympathie;
Denn, hat sie auch der Menschheit Fehler,
Gibt mehr fürs Herz, als den Verstand,
Es will und muss der Arme haben
Sein stilles Glück im Märchenland.

Das Wahlrecht würd´ ich dem nur geben,
Der schon die Dreißig hat erreicht,
Und dann auch nur den Ehemännern.
Ach, wie mich Wehmut stets beschleicht,

Hör' ich die zwanzigjähr'gen Jungen
Verzapfen ihres Geistes Kohl!
Auch braucht der nicht zur Urne treten,
Der stets nur sorgt für's eig'ne Wohl.
Erst in der Ehe kann man lernen,
Was Rücksicht ist, was strenge Pflicht.
Der Egoist mit seinem Stammtisch
Lernt das in seinem Leben nicht.

Die Prügelstrafe möchte' ich haben,
Gehauen wird ja jetzt zwar auch,
Das ist für freche Elemente
Ein wirklich wunderschöner Brauch;
Doch sollte sie gesetzlich werden,
Die Knute mit der Kugel dran,
Wenn so ein Lustmolch Kinder schändet,
Der Gatte steckt die Gattin an,
Wenn einer sich aus purer Rohheit
An seinem Nächsten schwer vergeht,
Denn nur durch Schmerzen lässt sich bessern,
Wer Rohheit im Gemüt verrät.

Die Frauenfrage lös' ich schnellstens:
Die Frau gehört allein ins Haus;
Drum statte man die armen Mädchen
Vom Staat mit einer Mitgift aus;
Durch eine Junggesellensteuer,
Abschreckend hoch für diesen Stand,
Denn alle alten Junggesellen
Sind hohle Nüsse für ein Land.
Jedoch was tu ich? Träum ich wachend?
Ein Lächeln spielt um mein Gesicht,
Ich mach' dem Zukunftsstaat Gesetze
Und leider gibt es keinen nicht;
Ich glaube selbst nicht, dass ich jemals
Erlebe diesen Zukunftsstaat,

Kaum an die Möglichkeit desselben,
Und geb' ihm jetzt schon meinen Rat.
Wie töricht, wo so viele Dinge
In Deutschland uns viel näher steh'n,
Muss ich am Strand von Blankenberghe
In uferlose Zukunft seh'n!
Hat mich das Meer mit seinen Fluten
Verlockt in jenes Märchenland,
Wie jenes Weib den jungen Fischer
Mit kaltem Herzen, nasser Hand?
Ach nein, ich weiß, warum ich träumte:
Ich sah in Augen tief und weich,
Als diese Zeilen ich geschrieben,
Und fort ging's in der Träume Reich;
Denn neben mir im schwanken Stuhle
Liegt hingegossen eine Fee,
Teils sehr graziös und teils aus Salzburg,
Die schöne Gräfin Nina B.
Ihr kleiner Bub' baut sich im Sande
Ein Schloss, dass bald verschlingt die Flut,
Zu ihren lieben, kleinen Füßen;
Wie hat es solch' ein Bub' doch gut!
Jetzt lässt sie melancholisch streifen
Die müden Augen übers Meer,
Ich folge sinnend ihren Blicken,
Die hinter Möwen ziehen her.

Ja, ja, das Meer gibt uns zu denken!
Da drüben, fern zwar noch dem Blick,
Da liegt die einz'ge Weltmacht, England,
Wo Kraft vereint ist mit Geschick;
Wo freie, stolze Männer wohnen,
Und nicht Lakaienseelen nur,
Weit uns voran um fünfzig Jahre
In Größe, Freiheit und Kultur.
Wo England herrscht, da herrscht der Fortschritt,

Wo Deutschland herrscht, der Rückschritt meist,
Ich spreche hier nicht von den Bieren,
Ich meine in Bezug auf Geist.
Und Geist ist keineswegs das Wissen,
Denn allerdings wir wissen mehr,
Uns ist vor lauter Bücherweisheit
Der volle Schädel viel zu schwer.
In Theorie sind wie Athleten,
Doch in der Praxis minder stark,
Wir sind als echte Philosophen
Schwerfällig bis ins Rückenmark.
Wir sind gebor'ne Stubenhocker,
Genießen kaum den Sonnenschein,
Zu sehr fehlt uns, wie Bismarck sagte,
Pro Tag die halbe Flasche Wein.
Natürlich, wenn sich mal verbinden
Beim Deutschen „Geist und Wissenschaft",
So haben wir auch Geistesriesen
Von ganz gewaltig großer Kraft,
Wie Bismarck, Goethe, Schopenhauer,
Den alten Fritzen, Luther, Kant,
Doch leider ruhen sie im Grabe,
Ein Nachwuchs fehlt dem Vaterland.
Trotzdem vermeinen manche Kreise,
Es sei die Welt uns zugedacht,
Wir müssten England sie entreißen,
Weil das in allen Fugen kracht.
Man baut mit viel zu großer Eile
Und einem Aufwand von Geschrei
Sich eine drohend große Flotte
Und macht damit das Ausland scheu;
Um Gottes willen, denkt man draußen,
Wenn Deutschland löst Old-England ab,
So ist das jeder echten Freiheit
Und jeden Fortschritt's sich'res Grab.
Old-England hat nicht viele Freunde,

Der Starke steht ja meist allein,
Doch gegen Deutschlands Weltmachtstellung
Tauscht heut' kein Volk die Englands ein.
Das hat sich klipp und klar bewiesen,
In Algeciras[64] ward es klar,
Sie ließen alle uns im Stiche.
Tief schmerzlich, aber leider wahr.
Das fehlte noch, so dachten draußen
Die Völker in Geschlossenheit,
Dass dieser Polizeistaat herrschte
Mit seinem preuß'schen Leutnantsschneid!
Drum holten wir uns eine Schlappe
Zum Gaudium der ganzen Welt;
Das kommt davon, wenn man statt Männer
Nur Nullen an die Spitze stellt,
Die niemals „nein" zu sagen wagen,
Und sich am eig'nen Glanz berauscht.
Seit Bismarck haben wir für Größe
Nur Größenwahn eingetauscht.

Natürlich weiß man in Old-England,
Dass uns're Flotte man nicht baut,
Um einst die Schweiz zu überfallen,
Kein Wunder, dass man uns nicht traut.
Man fühlt das Drohende der Haltung,
Und lediglich aus diesem Grund
Hielt König Eduard sich mit Absicht
Zurück vom Deutschen Staatenbund.
Er sieht das rasche Ende nahen
Und glaubt, wir nehmen ihn für dumm,
Doch leider ist der Onkel klüger,
Und lenken wir nicht schleunigst um,
So blüht uns trotz der Journalisten-

---

[64] Zur Marokko-Krise 1904 – 1906: internationale Konferenz in
Algeciras, Deutschland war im Kreis der Großmächte isoliert.

Und Bürgermeister-Extrafahrt,
Trotz Friedrichshofer Zwangs-Visite,
Parademarsch und Habybart
In ganz beängstigender Nähe
Ein Jena[65], diesmal auf der See,
Denn England sabbert nicht, das handelt,
Im Gegensatz zum Strand der Spree.
Man wird uns einfach überfallen
Und zwar mit vollem, guten Recht,
Denn uns´re Haltung ist bedrohend.
Wer so sich rüstet, wünscht Gefecht;
Und niemand kann vom Feind verlangen,
Dass er geduldig wartet ab,
Bis ihm der Gegner langsam schaufelt
Ein riesig großes Massengrab.
Old-England hat doch Weltint´ressen,
Die halbe Erde fast ist sein,
Und unser Deutschland ist dagegen
Verhältnismäßig winzig klein;
Wenn man da eine Riesenflotte
Sich baut und so dem Gegner droht,
Ist Selbsterhaltung selbstverständlich
Des Gegners vornehmstes Gebot.
Denn England würde nie d´ran denken,
Aus Konkurrenz-Furcht nur allein
Den deutschen Vetter anzugreifen,
Das rede man sich nur nicht ein;
Da schlöss´ es eher seine Grenzen
Und machte uns das Leben schwer;
Und nur zum Schutze uns´res Handels
Bedroht man nicht das offne Meer.
„Natürlich", wird so mancher sagen
Von denen, die regierungsschlau,

---

[65] Schlacht bei Jena und Auerstedt: Die preußische Armee erlitt eine
schwere Niederlage gegen die französischen Truppen.

„Warum soll Deutschland immer bleiben
In seinem allzu engen Bau?
Wir haben Recht, uns zu entfalten!"
Gewiss, ich widerspreche nicht,
Doch erst entfaltet euch im Inner'n,
Das ist zunächst des Deutschen Pflicht;
Erst zeigt der Welt, ihr deutschen Männer,
Dass ihr euch selber mündig sprecht,
Und dann strebt nach der Weltmachtstellung,
Dann erst beginnt das gute Recht;
Man muss zunächst sich selbst beherrschen,
Bevor man andere regiert,
Bis dahin, guter deutscher Michel,
Der Bau der Flotte nicht pressiert.
Denk' erst an deine Offiziere,
An der Beamten Riesenheer,
Die alle traurig schlecht gestellt sind,
Und fahr' erst dann hinaus aufs Meer,
Wenn man das Porto muss erhöhen
Die Preise für die Bahnfahrt auch,
Und stets nach neuen Steuern fahndet,
Zu decken unser's Reichs Verbrauch,
So sind wir wirklich schon halb pleite,
Und dieses kaum solvente Reich
Ist doch ganz sicher nicht imstande,
Wenn ihm misslingt der erste Streich,
Im Kriege Gelder aufzunehmen,
Ihm leiht dann nicht ein Staat der Welt,
Und schließlich ist im Krieg doch immer
Das allerwichtigste das Geld.
Auch ist es wirklich gar nicht nötig,
Dass Deutschland eine Flotte hat,
Die ganz allein in einem Kriege
Setzt Englands Flotte einmal matt.
Natürlich kommt einst Englands Ende,
Ein jedes Weltreich geht entzwei,

Und es wird desto eher kommen,
Wenn wir im Staat der Reederei
Erst wieder ernste Männer haben,
Die sich auf Politik versteh'n,
Die England wieder isolieren,
Wie wir's bei Bismarck einst geseh'n.
Ach, wie würd' der im Grabe lachen,
Der Riese, der uns einst geführt,
Erblickte er die Neunmalklugen
Splendid durch England isoliert!!
Er hob Germania in den Sattel,
Fürwahr, das Reiten war nicht schwer,
Doch wenn man, statt grad'aus zu reiten,
Das Pferd reisst immer kreuz und quer,
Braucht selbst der Dümmste nicht erstaunen,
Gelangt er stets zu spät zum Ziel,
Und, wenn er sich trotzdem noch wundert,
So passt er wohl zum Zirkusspiel,
Doch passt er nicht zum Weltbezwinger,
Die Leute sehen anders aus,
Drum lieber, guter, deutscher Michel,
Kehr' erst mal vor dem eignen Haus,
Zeig', dass du Kraft hast in den Lenden
Und nur geschlafen ein'ge Zeit,
Weil du das unter Bismarck konntest,
Und dass du mit Entschlossenheit
Dein Glück mit eigner Hand willst schmieden,
Bevor es völlig geht entzwei,
Dass du die Tat an Stelle setzest
Der so verhassten Sabberei,
Dass du dir deine Führer wähltest
Allein nur, wie es dir gefällt,
„Dann Deutschland, Deutschland über alles,
Dann über alles in der Welt!"

♠

TEIL III – VERSCHIEDENES

Dirnen

Warum ich meinen Durst oft lösche
Bei Dirnen, fragst du, schönes Kind?
Weil Frauen, die schwer zu erobern,
Noch schwerer loszuwerden sind.
Und jene, die sich leicht ergeben,
Sind Dirnen, wie die andern auch,
Nur sind sie meistens nicht so sauber;
Drum nehm´ ich Dirnen in Gebrauch.

Das Heine-Denkmal

Der Heine soll ein Denkmal haben,
Der Jud', der Spötter, der Franzos'?!
Will man sein eignes Grab sich graben
Und dafür zieh'n den Juden groß?
Er schrieb zwar ein'ge nette Sachen,
Das sei hier neidlos anerkannt,
Doch deutsches Fühlen? – „Nicht zu machen!" –
Und deutscher Geist? – „Nicht in die Hand!" –
Er hielt Pariser Kunst und Wesen
Viel höher, als die Preußenart:
Würd' dies der alte Fritze lesen,
Er brummelte in seinen Bart,
Der sicher ihm im Grab gewachsen
Und den er à la Haby trägt,
Und trät' dem Heine auf die Haxen,
Bis dass sich der ad acta legt.
Viel Millionen deutscher Herzen,
Mit deutschem Durst und deutschem Bauch,
Die muss ein Heine-Denkmal schmerzen,
Und was die müssen, tun sie auch.
Sie singen stets zwar seine Lieder,
Doch denken sie sich nichts dabei,
Auch singt der Deutsche treu und bieder
Beim Lied nur meist die Melodei;
Der Text sitzt selten fest im Hirne,
Drum dichte man ihn einfach um,
Der Stöcker mit der Denkerstirne
Schreib' Texte wider's Judentum.
Und lasen einstmals unsre Väter:
„Ach, klinge, kleines Frühlingslied!"
So lesen unsre Kinder später:
„Du, kling'le nicht hier, kleiner Jüd'!"
Der Lorelei am deutschen Rheine,
Die diesen Juden einst behext,

Ihr widmen Anti-Cohn-Vereine
Beim Weißbier einen deutschen Text.
Und sang der kosch're Preußenfresser:
„Entflieh mit mir und sei mein Weib!"
So singen wir mit Pückler besser:
„De Sarah bleibe mir vom Leib!"

Pfui Teufel, deutsche Nörglerseelen,
Ihr Schmutzgeburten deutschen Seins!
Soll uns denn stets die Größe fehlen,
Bleibt deutsch und kleinlich immer eins?
Ihr Gassenbuben, Idioten,
Die ihr dem Deutschtum Schande macht,
Wär't Ihr des deutschen Volkes Boten,
Dann hieße Deutschtum „Geistesnacht".
Da sprecht Ihr in erhab'nen Tönen
Von Englands engem Krämergeist:
Geht hin und lernt von Englands Söhnen,
Was inn're, wahre Größe heißt!
Wenn je ein Spötter nicht verschonte
Das eigne Volk mit grimmen Hohn,
So war's Lord Byron, als er thronte
Auf seines Volkes Geistesthron.
Was Heine über Deutschland sagte,
Das klingt dagegen wie ein Scherz,
Weil ihn die deutsche Sehnsucht plagte,
Weil deutsch ihm oft geweint das Herz.
Und doch, vor Byrons Geistesgröße
Verneigt ein Volk sich, das sich ehrt,
Im Land des Herings und der Klöße
Beschmutzt man seinen eignen Herd.
Er hatte Fehler! – Heuchlerbande!
Wem war das Irdische je fern?
Ihr seid dem Deutschtum ew'ge Schande,
Er bleibt des Deutschtum ew'ger Stern.

Hier sollte Deutschlands dritter Kaiser,
Der oft schon sprach manch kühnes Wort,
Als Herrscher, „Künstler", Mensch und „Weiser"
Als Gegenstifter, „Friedenshort",
Hier sollt' er bannen jene Scharen,
Die nur beschämen unser Land,
Und Heine noch nach fünfzig Jahren
Erheben in den Adelsstand.
Dann gönnt' ihm seines Denkmals Steine
Wohl jeder Edelchrist am End',
Dieweil ja dieser Herr „von" Heine
Sogar bei Hof' erscheinen könnt`.

Die rücksichtslose Presse

Rücksicht nimmt auf dich der Kaufmann,
Wenn er dich als Kunden kennt,
Rücksicht nimmt der Arzt, der Anwalt,
Ist ihm wertvoll der Klient.
Rücksicht nimmt so fast ein jeder,
Wo er etwas sich verspricht,
Nehmen oftmals gar Behörden,
Nur allein die Presse nicht.

Die übt nie und nimmer Rücksicht,
Bist du selbst ein Inserent,
Der ihr ein Vermögen einbringt;
Weil sie das Gefühl nicht kennt.
Rücksichtslos spritzt seine Tinte
Gegen Tietz[66] der Redakteur,
Gegen Wertheim[67], gegen Jandorf[68]
Und noch viele andre mehr.

Lieber würden heut verarmen
Mosse[69], Ullstein[70], August Scherl[71],
Als dass man je Rücksicht nähme
Auf den Inseraten-Kerl.
Denn die Zeitung ist natürlich
Nie und nimmer ein Geschäft,
Nur, um die Moral zu heben,

---

[66] Hermann Tietz, deutscher jüdischer Kaufmann und Namensgeber des Warenhaus-Unternehmens Hertie.
[67] Abraham (Adolf) Wertheim: ein jüdisch-deutscher Kaufmann.
[68] Abraham Adolf Jandorf: ein deutscher Kaufmann und geschäftsführender Inhaber der Warenhauskette A. Jandorf & Co.
[69] Rudolf Mosse: ein deutsch-jüdischer Verleger, Firmengründer und Geschäftsmann.
[70] Leopold Ullstein: ein deutscher Verleger.
[71] August Hugo Friedrich Scherl: ein Berliner Großverleger.

Wird auf dem Papier gekläfft.

Einstmals dachte ich wohl anders,
Heute bin ich überführt;
Rücksicht nimmt nie ein Verleger
Auf den Kerl, der inseriert.
Leicht kannst du dir das beweisen:
Schreibe gegen's Warenhaus
Und geh' selbst damit zur Zeitung.
Selbstverständlich - - - fliegst du raus!

Ein unschöner Streich des Staatsanwalts

Auf die weiche Ottomane
Nach dem Essen hingestreckt,
Meinen Mokka bräunt die Sahne,
Nun, zum Schluss noch angesteckt
Eine feine Zigarette;
Schöne Welt, was will man mehr!?
Oben links die Amorette[72]
Schaut fast neidisch zu mir her,
Blaue Wölkchen zieh'n nach oben,
Spielen mit dem Sonnenlicht:
Lebenslust, ich muss dich loben,
Mag ich wollen oder nicht!
Deutschland, Deutschland über alles,
Summ' ich leise vor mich hin;
Hoch die Dichtkunst! Hoch der Dalles[73]!
Ruf ich, weil ich glücklich bin.
Lieben und geliebt zu werden,
Pfeif im Halbschlaf ich zum Schluss,
Ist das höchste Glück auf Erden,
Wenn der Mensch nicht lieben muss!
Plötzlich klingelt's; ich bleib liegen;
Wieder klingelt's; noch einmal!
Niemand stör' mir mein Vergnügen;
Kling'le nur, mir ist's egal!
Donnerwetter nicht zu glauben
Dieses Klingeln immerzu!
Welcher Mensch darf sich erlauben,
So zu stören meine Ruh?
Schließlich öffne ich die Türe:
Wer steht vor mir im Ornat?

---

[72] Amorette: Figur eines nackten, geflügelten Knaben (als Begleiter des römischen Liebesgottes).
[73] Dalles: Armut, Not, Geldverlegenheit.

Heintzmann, Staatsanwaltschaftsrat!

Freundlich lächelnd tritt er näher,
Schließt die Tür dann möglichst fix,
Dass ihn nicht erblick´ ein Späher;
Höflich mach´ ich meinen Knicks.

Als wir beide rauchend lagen
Auf der Ottomane bald,
Sprach von längst vergang´nen Tagen,
Der gestrenge Staatsanwalt:
„Lieber Weber, wie Sie wissen,
Habe ich das Dezernat - - -
Näher kam er auf mein Kissen - - -
Für die Schweinerei im Staat.
Dreimal musste ich die Krallen
Ihnen zeigen, mein A. O.[74],
Zweimal bin ich reingefallen,
Einmal ging es Ihnen so.
Das war vor der Lieberkammer,
Der ist heute nicht mehr da,
Der war wirklich noch ein strammer
Hüter der Justitia.
Trotzdem Weber, ich bin ehrlich,
Mir hat´s niemals Spaß gemacht,
Wenn ich hielt für staatsgefährlich
Dinge, über die man lacht.
Wenn´s nach mir gegangen wäre,
Hätt´ ich Sie nie angeklagt;
Hand aufs Herz, bei meiner Ehre,
Aber unter uns gesagt!
Doch gewisse hohe Tanten
Und manch Sittlichkeitsverein
Immer aufs Vergnügen brannten,

---

[74] A. O.: Alexander Otto Weber

Dass ich legte Sie hinein.
Tat ich's nicht, kam die Beschwerde
An den Oberstaatsanwalt
Von der blöden Schnüfflerherde,
Und da fügte ich mich halt.
Doch, mein lieber Freund, ich schwöre,
Nur sehr ungern griff ich zu,
Weil ich heimlich Sie verehre,
Sagen wir doch lieber „Du"!"

„Mach' ich, Heintzmann", sagt' ich glücklich,
Und mit diebischem Genuss
Gab' ich ihm dann augenblicklich
Einen warmen Bruderkuss.
Denn, man küsst sich, wenn man liebt sich,
Doch entgeistert lief er fort,
§ 175[75]
War sein allerletztes Wort.
Raus war er mit einem Sprunge,
Klappern hört ich noch die Tür:
„Heintzmann", rief ich, „alter Junge,
Sei doch wieder gut mit mir!"
Doch schon klingelte es wieder;
Also kommt er doch zurück!
Schnell sprang ich vom Sofa nieder,
Eilt zur Tür im Augenblick;
Draußen steht ein Stephansjünger
Mit 'nem Schriftstück in der Hand,
Und die langgestreckten Dinger
Sind mir nur zu gut bekannt.

Angeklagt natürlich wieder,

---

[75] § 175 des deutschen Strafgesetzbuches (§ 175 StGB) existierte vom 1. Januar 1872 bis zum 11. Juni 1994. Er stellte sexuelle Handlungen zwischen Personen männlichen Geschlechts unter Strafe.

Weil ich tief verletzt den Staat
Durch zwei seelenvolle Lieder;
Heintzmann, Staatsanwaltschaftsrat.

Träum ich, wach ich? Nein, ich wache!
Hat mich Heintzmann nur geuzt?
Schändlich find´ ich solche Sache,
Und den Mann hab ich geduzt!
Harmlos mit mir anzubandeln,
Dann verschwinden durch die Tür:
Warte, Freund, wenn wir verhandeln,
Sag´ ich wieder „Sie" zu Dir!

♠

Der abgesägte Staatsanwalt

Er war zu dumm zum Staatsanwalt,
Drum war es schade ums Gehalt.
Entlassen konnte man ihn nicht,
So kam er hin zum Amtsgericht.
Um ihm die Pille zu versüßen,
Musst´ man ihn hier als Rat begrüßen.
So ließ man diesen Trauerkloß,
Auf dich und deine Ehre los.

Ihm halfen stets der Schöffen zwei;
Das Urteil machten alle drei;
Und war der eine Schöffe dumm,
Dann nickte er zu allem stumm,
Was der Herr Rat beriet mit ihnen,
So dass bei solchem Urteil schienen
Drei Räte von den Geistesgaben
Des einen mitgewirkt zu haben.
Nun sind die Schöffen meistens immer
In solchen Fragen fast noch dümmer,
Als einer, den man setzte kalt,
Weil er zu dumm zum Staatsanwalt.
Drum war der Bürger in Gefahr,
Der in der schlimmen Lage war,
Sein Recht zu suchen bei dem Knaben
Mit zu beschränkten Geistesgaben.
Und war der Angeklagte schlauer,
Als der Herr Rat, so hat der sauer
Auf diese Kühnheit reagiert
Und mit dem Mut, der jenen ziert,
Dem Stumpfsinn ins Gesicht gemalt,
Dem Klugen tüchtig heimgezahlt.
Das ist nun einmal so hienieden,
Es rächen gern sich die Stupiden
Aus angebor´ner Niedertracht,

Wenn je es liegt in ihrer Macht,
An denen, die viel klüger sind,
Das weiß beinah schon jedes Kind.

Doch ist man nur beim Amtsgericht
Ein Richter, der das Urteil spricht,
Macht's nichts, wenn der in blinder Wut
Aufs rote Tuch sich stürzen tut.
Das Urteil wird dann revidiert,
Und der Herr Rat wird arg blamiert,
Denn an dem hohen Landgericht
Gibt's solche Staatsanwälte nicht,
Die man mit Rücksicht aufs Gehalt
Zum Richter macht vom Staatsanwalt.
Doch fragt mich der Justizminister:
Wer ist der Rat, und auch wo ist er?
Dann sag' ich: Eure Exzellenz,
Im Lande der Intelligenz,
Da gibt es keine solchen Richter;
Ich fuhr im Geiste nur als Dichter
Nach China, in das Land der Zöpfe,
Dort gibt es wirklich solche Tröpfe,
Die man aus Rücksicht aufs Gehalt
Zum Richter macht vom Staatsanwalt.
In Deutschland gibt es so was nicht,
Weil hier nur die Begabung spricht,
Weiht man sich der Justitia:
Hurra, hurra, Germania!

♠

Unsere Küsten

In Deutschland wünscht man keinen Krieg,
Allein aus Flotten-Politik
Baut man sich eine Flotte
Und naht sich dem Bankrotte,
Denn Leute hört: „Wir rüsten
Nur wegen unsrer Küsten!"

In England niemand uns misstraut,
Jedoch man baut, weil Deutschland baut,
Zehn Schiffe alle Jahre;
Zu Berge stehn die Haare.
Allein sie müssen rüsten
Zum Schutze ihrer Küsten.

In Frankreich wünscht man Frieden nur;
An Krieg denkt niemand. Keine Spur!
Man kann uns blind vertrauen,
Doch Schiffe muss man bauen.
Wir sind zwar Optimisten,
Doch lang sind unsre Küsten!

In Öst'reich denkt man nicht daran,
Dass je ein Seekrieg kommen kann;
Italien, Spanien, Portugal
Denkt gleichfalls so im gleichen Fall,
Doch muss man trotzdem rüsten,
Denn Küsten bleiben Küsten.

So triefen sie hienieden
Von Ehrlichkeit und Frieden,
Und wir, wir müssen fasten,
Zu tragen diese Lasten.
„Verschenkt doch eure Küsten,
Dann braucht ihr nicht zu rüsten!"

Verschiedene Städte

Berlin

Berlin ist eckig, sauber, groß,
Und kommt der Kaiser, ist was los;
Das größte Weltdorf, das man hat,
Doch auch die größte Arbeitsstadt.
Parole ist der Schutzmannston,
Gesellschaft: Levy, Itzig, Cohn,
Die Kunst ist preußischen Geschlechts:
Maul halten, Richtung, Augen rechts!

Wien

Wiener Braten, Wiener Bauten
Und die fesche Wienerin,
Wiener Lieder, Wiener Leben.
Wien ist göttlich, Wien bleibt Wien.
Deine Grazie ist bezaubernd,
Selbst dein Deutsch ist weich und süß,
Und kein Mensch stirbt an der Arbeit
Hier im Großstadt-Paradies.

Dresden

Schönste Stadt im Deutschen Reiche,
Sehr gemütlich, bis aufs Geld;
Eine gute, alte Tante,
Stets dieselbe auf der Welt.
Kaffeeklatsch und Hoftheater
Sind der höchste Hochgenuss;
Wunderbar für den gelegen,
Welcher nicht dort wohnen muss.

Madrid

Blitzende Augen, glutende Lippen,
Verführerisch biegsam und schmiegsam der Leib,
So stolz der Gang der reizenden Füßchen,
Du Krone der Schöpfung, du spanisches Weib!
Die schönsten Paläste vergoldet die Sonne,
Noblesse und Grazie auf Schritt und Tritt,
Das siehst du, o Wandrer, nur einmal auf Erden,
Im Herzen von Spanien, im schönen Madrid.

London

Alles riesenhaft, gigantisch,
Ewig wogend hin und her,
Wie scheint gegen Londons Leben
Ärmlich nur, Berlins Verkehr.
Regen, Nebel! Grau und farblos
Ist das Klima, Mensch und Haus;
Doch in jeder einz'gen Linie
Schaut des Löwen Klaue raus.

Paris

Paris, der Grazien Lieblingsort,
Graziös ist alles, selbst das Wort;
Von so viel Grazie, Schick und Charme
Wird selbst ein preuß'scher Schutzmann warm.
Säß wieder dort ein Hof voll Pracht,
Paris, du wärst wohl über Nacht
Auf deinen alten Platz gestellt,
Als Mittelpunkt der ganzen Welt.

München

Kunst und Bier und dicke Schädel,
„Mir san Bayern, mir san mir",
Was wär' Deutschland ohne München,
Preußen ohne 's Münch'ner Bier?
Schöne Bauten, schöne Straßen,
Nichts, was nur Schablone hat;
Sehr massiv, doch eigenartig
Ist das Volk und seine Stadt!

Hamburg

Langweilig, hölzern und gediegen,
Zum Handel reichend das Talent,
Soliden Schacher in den Zügen,
Die Ehrbarkeit plus zehn Prozent.
Von außen grau, von innen gräulich,
Zurück in vielem hundert Jahr,
Die Häuser sprechen wie die Herzen:
„Tritt ein, o Fremdling, und zahl bar!"

♠

Die Frauenbewegung

Ihr wollt das gleiche Recht, ihr Frauen,
Das, was der Mann kann, könnt ihr auch,
Ihr könnt sogar in Hosen laufen,
Nur stört zuzeiten euch der Bauch.
Ihr wollt im freien Wettkampf zeigen,
Dass ihr dem Mann gewachsen seid,
Und dass fast alle Männer dumm sind,
Und selten eine Frau gescheit.
Ihr wollt die Ehe zwar nicht fliehen,
Doch nicht erseh'n als höchste Pflicht,
Nicht eure Kraft dem Hause widmen,
Ist dieses Haus das eure nicht.
Ihr wollt nicht Kinder warten helfen
Und nicht bestellen Haus und Hof,
Ihr wollt Kommis, Beamte werden,
Juristen, auch mal Philosoph.
Ihr wollt am Ringkampf euch beteil'gen,
Am Rennen mit und ohne Rad,
Mit einem Worte männlich werden,
Energisch, ungraziös und platt.

Erschreckend wächst die Zahl der Zwitter
Dort, wo das Weib nicht weiblich fühlt,
Wo Missverstand und Misserziehung
Des Weibes Seele unterwühlt.
Geht es auf diesen Pfaden weiter,
Expropriiert[76] ihr nur den Mann,
Der heute schon im Kampf ums Dasein
Kaum an die Ehe denken kann,
Und der bei solchen Zwitterseelen,
Stiefmutterkindern der Kultur,
Vergeblich sucht nach jenem Zauber,

---

[76] expropiieren = enteignen

Der ihn bezwingt schon von Natur.

Zurück, ihr Mann geword'nen Weiber,
Bahn frei, die Frau gehört ins Haus,
Und könnt und wollt ihr euch nicht mehren,
So sterbt in Kürze freundlich aus.
Wir brauchen Weiber, keine Zwitter,
Blutwarme Weiber, keusch und heiß,
Und keine weiblichen Beamten,
Die hungern für den halben Preis.
Wir brauchen Köchinnen und Mädchen,
Geeignet, Kinder zu erzieh'n,
Die unser Heim verschönern helfen
Und nicht verschreiben Medizin.

Da könnt ihr eure Kraft beweisen,
Und bleibt dabei doch immer Weib,
Bleibt in den Grenzen, die gezogen
Ein Gott einst eurem Frauenleib.
Bleibt Weiber voller Evas-Fehler,
Nur das Natürliche hat Wert,
Selbst Ammen werden immer Frauen,
Ihr Zwitter bleibt stets unbegehrt!

♠

Sieben Frauentypen

Die Engländerin

Schlank und blond, nach Seeluft duftend,
Frisch, gesund der zähe Leib,
Schmale Hände, lange Füße,
Körperlich mehr Mann als Weib;
Hübsche, klare, blaue Augen,
Harmlos, heiter von Gemüt,
Eine herzig liebe Freundin,
Die nur wie ein Glühwurm glüht,
Die im Leben wie im Lieben
Leicht nimmt jedes Hindernis,
Weil sie kein Gewicht braucht tragen,
Englands keusche, blonde Miss.

Die Französin

Schick und hässlich, dabei geistreich,
In der Sprache schon pikant,
Darf sie alles tun und sagen,
Und bleibt doch stets elegant.
Leichtigkeit ihr ganzes Wesen,
Feuer, das nie Wärme gibt,
Viel mehr Busen als wie Seele,
Mehr gelebt als wie geliebt.
Groß im Kleinen, klein im Großen,
Meisterin der Causerie[77],
Aber immer nur Champagner,
Ist madame de la patrie[78].

---

[77] Causerie: unterhaltsame, gebildete Plauderei.
[78] madame de la patrie: Frau der Heimat.

Die Amerikanerin

Smart von außen, smart von innen,
Hände, Füße, Waden zart,
Wenig Herz und keine Seele,
Denn gefühlvoll ist nicht smart.
Stets nur ans Vergnügen denkend,
Selbst als Gattin möglichst frei,
Liebe möglichst klein geschrieben,
Aber groß die Liebelei.
Pretty girls and very clever,
Augen nur zum Flirten da,
Charming? Sicher! Doch als Gattin?
No, Miss Nord-Amerika!

Die Wienerin

Sa mer lustig, gengens baden,
Fesch, sogar im Dialekt,
Etwas „Möhlspeis" in dem Körper,
In den Adern recht viel Sekt;
Kleine, liebe, süße Mädel,
Stets graziös und oft auch schön,
Weiber, die als Weib geboren
Und als Weib durchs Leben gehen,
Die das schwere Seil des Lebens
Wie ein Seidenbändchen ziehn,
Sa mer lustig, gengens baden,
Fesch bleibt fesch und Wien bleibt Wien.

Die Spanierin

Voll und rund die prächt´gen Glieder,
Weich und schmiegsam die Gestalt,
Und ein Busen wie aus Marmor,
Heißes Blut, das kocht und wallt.

Reiches Haar und schöne Zähne,
Zarter Teint, frisch und gesund,
Kleine Hände, dunkle Augen,
Stolz der fein geschnitt′ne Mund.
Und ein Lächeln um die Lippen,
Das betöret Herz und Sinn,
Das allein auf dieser Erden
Lächelt eine Spanierin.

Die Deutsche

Wollne Strümpfe, plumpe Stiefel,
Dementsprechend auch der Gang,
Reines Herz und reine Wäsche,
Ganz besonders die im Schrank.
Viel Gefühl, doch höchstens lauwarm,
Kräftig, fleißig und meist blond,
Kommt ein Freier, ist sie selig,
Kommt ein Leutnant, macht sie Front[79].
Treu im Glauben wie im Lieben,
Sparsam wie ihr ganzes Land,
Deutschland, Deutschland über alles,
Charme ist undeutsch, auch scharmant.

Die kleinen Mädchen in Berlin

Tausende von kleinen Mädchen
Fahren sonntags nach Grünau,
Halen-, Schlachtensee und Pankow,
Wilmersdorf und Friedenau;
Meist recht niedlich angezogen,
Zwar zu viel Schablone noch,
Aber einfach, nett und sauber,
Und man sieht den Fortschritt doch.

---

[79] Front machen = Widerstand leisten

Diese kleinen Großstadtmädchen
Sind schon auf dem besten Pfad,
Schick und Schneid sich anzueignen,
Deutlich sieht man schon die Saat.
Viele tragen feine Stiefel,
Kokettieren selbst damit,
Und wer mit den Füßen flirtet,
Lernt auch schnell graziösen Schritt.
Diese lieben, kleinen Mädel
Sind der lebende Beweis,
Dass auch in der deutschen Rasse
Wohl gedeihen kann der Reis
Von dem Zweige, den die Grazien
Schenkten dem roman'schen Stamm,
Sind die Blüten auch wohl blasser,
Blass steht Ihnen gut, Madame!

Überfüllt ist schon der Tanzsaal,
Hundert Paare tanzen hier,
Heiß die Luft, die Pulse kochen,
Aus den Augen stiert die Gier.
Leib ist fest an Leib geschmieget,
Eng im Mieder keucht die Brust,
Immer toller wird's Gedränge,
Immer toller wird die Luft.
Tanzen will man und genießen,
Kurz ist nur der Jugend Glück,
Schwere Arbeit alle Tage,
Nur am Sonntag strahlt der Blick.
Warum denken, warum grübeln?
Heute rot und morgen tot!
Tanzt er gut, dann fällt man gerne
Für ein warmes Abendbrot.
Heute diesen, morgen jenen,
Alle sind sie ja so nett,
Dieser hat die schönsten Augen,

Jener hat das schönste Bett.
Gott, das Glück war immer launisch,
Else fand hier ihren Mann,
Auch die Guste, die Therese
Und die Meyern nebenan.
Ist es nicht der dritte, vierte,
Fängt man einen spät'ren ein,
Und beißt keiner an, was schadet's?
Jugend muss genossen sein!
In den eignen kleinen Kreisen
Findet man noch jederzeit
Einen braven, dummen Jungen,
Der uns schafft die Häuslichkeit.

Und so ist man eine Dirne,
Aus Vergnügen, ohne Not,
Und verkauft sich - ach wie vielen? –
Für ein warmes Abendbrot.
Nur Berlin kennt diese Klasse,
In Paris, in London, Wien,
Fällt für's Abendbrot kein Mädchen,
So was gibt's nur in Berlin.
Dort schafft sich das kleine Mädchen
Auch 'nen Schatz zum Lieben an,
Aber erst lässt es ihn zappeln
Und studiert genau den Mann.
Und erwählte es sich einen,
Lebt und hungert es für ihn
Und wird öfters seine Gattin,
Als die Kleinen von Berlin.

Niemand wertet mehr im Leben
Als sein eigen Angebot!
Süßes, kleines, liebes Mädel,
Giltst du nur ein Abendbrot?

Sechs Männertypen

Der Amerikaner

Dir ist die Welt ein Warenhaus,
Der größte Krämer dein Genie,
Der eine handelt mit Phosphat,
Der and're mit Philosophie;
Und der, der schneller Geld verdient
Bei seinem Handel frech und dreist,
Und smart den äußer'n Schein bewahrt,
Der ist für dich der größ're Geist.
Der Über-Jude bist du mir,
Erhebst den Schacher bis zur Kunst
Und machst die Kunst zur Schacherei,
Was dir nichts einbringt, ist dir Dunst.
Dir scheint die ganze alte Welt
Antiquitäten-Shop zu sein;
Natürlich, jeder Parvenu
Der richtet sich modern heut' ein;
Der hat in seinem Landhaus selbst
Dampfheizung und elektrisch Licht,
Saugluftmaschinen, Telefon,
Ein altes Schloss hat das meist nicht;
Da liest man bei der Kerze Schein,
Das Grelle wird dort zehnfach hart,
Man braucht im Zimmer den Kamin,
Selbst als ein Mensch der Gegenwart.
Es liegt die Tradition im Blut,
Die mag zuweilen Hemmnis sein;
Doch leicht baut man ein neues Schloss,
Und schwer reißt man ein altes ein.
Nur der, dem alles scheint Geschäft,
Der nicht verfolgt des Werdens Spur,
Der sieht im Neuen nur den Wert,
Aus Mangel älterer Kultur.

Doch stets noch hat die Jugend sich
Im Feuereifer überschätzt,
Ein junger Staat, ein junger Mann
Kennt seinen eig'nen Wert zuletzt;
Der stürmt zum Himmel noch empor,
Und ist nichts wert, wenn er's nicht tut,
Wer reif ist in der Jugendzeit,
Der hat zu träges, dickes Blut.
Und daran krankt der Yankee nicht,
Sein Blut ist heiß und lebensfroh,
Wer wagt gewinnt, wer wagt verliert,
Und geht's nicht hier, geht's anderswo.
Er schafft und schuftet wie ein Pferd,
Sein Land ist reich, er selbst ist smart,
Und bringt ihn vorwärts Kraft und Fleiß,
Ist er kein Geizhals, der nur spart;
Nein, selber leben, leben lassen,
Das ist sein Wahlspruch jederzeit,
Und davon hat den größten Nutzen
Im Yankee-Land die Weiblichkeit.

Der Frau legt er sein Glück zu Füßen
Und betet sie bewundernd an,
Und ist nicht nur der beste Krämer,
Nein, auch der beste Ehemann.
Und sie sorgt jederzeit dafür,
Dass gern er trägt die schwere Pflicht,
Denn seine Frau hat oft viel Geist,
Und damit handelt er ja nicht.

Der Spanier

Ich bin ein König, denn ich bin ein Spanier,
Ob ich nun arm bin, ob unsagbar reich,
Allein mein eig'ner König gilt mir höher,

Doch unter ihm sind alle Spanier gleich.
Die Portugiesen sind nur weiße Neger,
Franzosen Affen, die der Hafer sticht,
Die Deutschen sind nicht übel, doch Barbaren,
Der Englishmann ein Lügner, wenn er spricht.
Weil ich ein Spanier bin, bin ich ein König,
Ob ich Minister bin, ob Polizist,
Und wenn ich dir selbst deine Schuhe putze.
Ich bin dasselbe, hombre[80], was du bist.
Ich weiß, die Großmachtstellung ist verloren,
Man hat bestohlen uns, anstatt regiert,
Doch kein Soldat der Welt erreicht den Spanier,
Wenn ihn zum Krieg ein euer Alba führt.
Gebt uns den Bismarck, gebt uns einen Moltke,
Holt uns Napoleon aus dem Grab heraus.
Wir schlagen wiederum die Welt zusammen,
Nichts widersteht dann unser'm Siegeslauf.

Weil du ein Spanier bist, bist du ein König!
Ich liebe dich in deinem edlen Stolz,
Jedoch um uns're Welt heut zu beherrschen,
Braucht Männer man von einem ander'n Holz.
Heut' herrscht nur der, der lernte zu gehorchen,
Und diese Tugend fehlt dir leider meist;
Mit Königen ist keine Schlacht zu schlagen,
Millionen Fäuste brauchen einen Geist.
Fünfhundert Spanier sind fünfhundert Bismarcks,
Das ist der Fehler, der euch niederzwingt,
Kein Ministerium kann da lange währen,
Wo keiner seiner Meinung Opfer bringt.
Zu schlau seid ihr, die Schwächen nicht zu finden,
Die jeder hat, der in die Höhe steigt,

---

[80] Original-Fußnote: Hombre heißt auf Deutsch: „Mann", und es ist durchaus nicht selten, dass der Kammerdiener seinen Herzog im erregten Gespräch einfach mit diesem Wort anspricht.

Nicht schlau genug, den Überschuss zu schätzen,
Den Gutes über Schlechtes bei ihm zeigt.
Und auch die Arbeit ist nicht eure Schwäche,
Statt mehr Gehalt und läng'rer Arbeitszeit
Nehmt ihr schon lieber dementsprechend wen'ger,
Und gebt euch dafür hin der Lässigkeit.
Man kann ja in der Lotterie gewinnen,
Warum sich quälen, wo man dreimal spielt
In jedem Monat Lotterie im Lande,
Und hierdurch jedes Streben unterwühlt?
Warum sich quälen? Klein ist das Bedürfnis,
Hat man Garbanzos[81], wird man immer satt,
Den Durst löscht reines, klares Brunnenwasser,
Wenn man nur Geld genug zum Stierkampf hat.
Und doch, ich liebe dich, du edler Spanier,
Liegt deines Volkes Kraft auch noch so brach,
Du bist der Typ des Hocharistokraten,
Und deinen Granden macht dir keiner nach!

Der Engländer

Ihr nach dem Spanier, der Kontrast!
Und dennoch, welche Ähnlichkeit!
Naturnotwendig scheint's mir fast,
Dass Ihr der Spanier Erben seid;
Dass Ihr das Weltreich euch gewannt,
Das ewig strahlt im Sonnenlicht,
Und das heut' - welches starke Band! –
Des Inselvolkes Sprache spricht.
Auch Ihr seid stolz, auch Ihr seid groß
Im Handeln, Denken und Gefühl,
Denn inn're, wahre Größe bloß

---

[81] Original-Fußnote: Garbanzos ist ein aus einer Hülsenfrucht
bestehendes Nationalgericht der Spanier, das die Kartoffel ersetzt,
aber von der ärmeren Klasse oft auch ohne Fleisch genossen wird.

Erreicht ein wahrhaft großes Ziel.
Zwar ewig heißt's, Ihr seid perfid,
Welch' lächerliche Faselei!
Gedankenlos pfeift man das Lied
Im Land der Bierphilisterei.
Ihr seid so treu wie jedes Land
Und seid zunächst euch selber treu,
Ein Land regiert man mit Verstand,
Und niemals mit Gefühls-Gebräu.
Und stets ist ehrlich euer Wort,
Ja, selbst, wenn Ihr geschädigt seid:
Ein jeder Kaufmann ist ein Lord,
Sein Wort ist heilig, wie ein Eid.
Doch, wenn der Spanier Grande ist,
So seid Ihr Handelsfürsten nur,
Und selbst, wenn du ein Herzog bist,
Fühlt immer man des Krämers Spur.
Die Freiheit ist dein Ideal,
Worin du auch dem Spanier gleichst,
Gepaart mit Selbstzucht allemal,
Weshalb das Größte du erreichst.
Als Gatte bist du gut und brav,
Dein Heim ist deine ganze Welt,
Doch liebst zu Hause du den Schlaf,
Was oft der Gattin nicht gefällt.
Du treibst mit deinem Körper Sport,
Mit deinen Händen oft Musik,
Doch reißt dich nie die Seele fort,
Du spielst Piano wie Bezique[82].

Doch stets bist du von Herzen gut,
Und hat der Deutsche dich erkannt,
So fühlt er das verwandte Blut

---

[82] Bezique: ein zu Ende des 19. und Beginn des 20. Jahrhunderts in Frankreich und im Vereinigten Königreich populäres Kartenspiel.

Und drückt dir gern und warm die Hand.

Der Franzose

Gebor'ner Viveur,
Charmanter Caufeur,
Der feinste Gourmet
Ist stets der Français;
Dabei auch Poseur,
Oft weniger, meist mehr,
Doch niemals betrübt,
Und immer verliebt.
Halb Mann, halb Friseur,
Stirbt er, pour l'honneur
Der Frauen im Bett,
Doch nie durchs Florett.
Er spricht von Revanche,
Und liebt la patrie
Und die Cochonnerie.
Im Geschäft sehr gewandt,
Voller Fleiß und Verstand
Und auch sparsam dazu,
Setzt er früh sich zur Ruh',
Gibt die Pfründe dem Sohn,
Lebt dann selbst als Baron,
Und macht mit trente francs
Mehr als and're mit cent.

Er ist stets adrett,
Im Salon und im Bett,
Doch grotesk sieht er aus
Auf der Straße, zu Haus;
Wie ein Zirkusartist,
Der stellenlos ist.
Er isst meist nicht besser
Als in Deutschland ein Esser,

Und badet die „Beener"
Nicht öfter las jener.
Entflammt ist er schnell,
Die Flamme brennt hell,
Doch wärmt sie fast nie,
Denn das Feuer d'esprit
Verfliegt wie ein Wahn
Beim gallischen Hahn.

Der Preuße

Du bläst dich auf, weil du ein Preuße bist,
Das ist ein Ruhm, den and're dir nicht neiden,
Ich kenne nichts, was farbenloser ist;
Schwarz-weiß sind Farben, die den Toten kleiden.
Starr, hart wie Eisen, kleiden den sie gut,
Der täglich seinen Geist im Stechschritt übt,
Dem der Kommissdrill steckt in Fleisch und Blut.
Der auf Befehl allein Pardon nur gibt.
Dem stramme Zucht ersetzt das eig'ne Denken,
Der stolz sich fühlt des Ganzen wicht'ger Teil,
Und der, von oben deshalb leicht zu lenken,
Im Sterben betet: „Le roi – all Heil!"
Ein mächt'ger Feind, unzähl'ger Schlachten Sieger,
Soldat bis in das längste Schnurrbarthaar,
Doch auch, wie jederzeit die besten Krieger,
Der Liebenswürdigkeit fast immer bar.
Die Römer seid Ihr vor dem Frauenraube,
Die Griechen Spartas in der deutschen Welt,
Ihr lacht des Charms, zu hoch hängt dem die Traube,
Dem eine Tresse schon den Busen schwellt.

Rau ist der Bayer auch, doch Eigenart
Zeigt er genug im Fühlen, Handeln, Denken,
Und auch der Mecklenburger ist nicht zart,
Doch lässt er sich nicht an der Strippe lenken;

In Württemberg, in Baden und in Sachsen
Ist man stets höflich, teilweis selbst charmant,
Und dort, am Rhein, wo goldne Reben wachsen
War Preußenart von jeher ungekannt;
Die Preußenart: Gehorsam, blind nach oben,
Nach unten flegelhaft gebärdend sich,
Die Art, sein Volk im eignen Selbst zu loben,
Doch ohne inn´ren Stolz, kein „Ich bin ich".
Stets das nur wert, was ihm sein Rang beschieden,
Erst die Frau Oberst, dann die Frau Major;
Erst wird der Rang, dann erst der Mensch gewertet,
Kein Preuße stellt als Mensch schon etwas vor.

Der Wiener

Mir sagte oftmals in Berlin
Manch´ schnodd´riger Berliner:
„Ach, jehn Se man mit Ihren Wien
Und Ihre lieben Wiener!
De Höflichkeit is Heuchelei,
Falsch sind die Kerle alle,
Ick pfeife uf de Schmeichelei!
Mir is in jedem Falle
Der bied´re Preuße, treu und brav,
En richtiger Berliner
Im Wachen lieber, als im Schlaf
En Öst´reicher und Wiener!"
Ich konstruiere mir daraus
Nur lediglich die Regel:
Wer selbst nicht ist aus gutem Haus,
Schwärmt leicht für and´re Flegel.
Denn, wem die Höflichkeit nur gilt
Als heuchlerische Dirne,
Der trägt des Flegels Ehrenschild
Gewöhnlich an der Stirne.

Ja, höflich sind die Wiener stets,
Das liegt schon in der Rasse;
Das macht die höhere Kultur,
Die längst ging in die Masse.
Er hat was vom Romanentum,
Groß waren seine Ahnen,
Wir sind noch zu plebejerhaft
Im Reiche der Germanen.
Und wie ein Spross aus altem Haus,
Genießt er auch das Leben,
Nicht mühsam legt er Stein auf Stein,
Genuss ist all sein Streben.
Er liebt die Weiber und den Wein,
Die Pferde und die Lieder,
Und ist trotz seiner Höflichkeit
Treu, ehrlich, brav und bieder.
Nach außen geht zwar mehr sein Sinn,
Das liegt im leichten Blute,
Was heut' nicht ist, wird morgen sein,
Er ehrt nicht die Minute.
Im Hause sieht's oft ärmlich aus
Bei Mittelstandspersonen,
Wer in Berlin fünf Zimmer braucht,
Wird dort in Zweien wohnen.
Denn abends geht's ins Restaurant,
Wozu denn da fünf Zimmer?
Und sonntags zieht man früh hinaus,
Zu Haus bleibt man da nimmer.

Der Wiener hat fast stets Humor,
Ist aufgelegt zu Scherzen,
Ihn kann das Kleinste selbst erfreu'n,
Er ist ein Kind im Herzen;
Dabei ist er ein fescher Kerl,
Keck sitzt der Hut am Schädel;
Bestrickend ist die Wienerin,

Ein reizend süßes Mädel.
Und wenn ich in Berlin hier seh´
Die reizenden Berliner,
Dann zieht es mich mit Allgewalt
Nach Wien, zum lieben Wiener.

TEIL IV – GRAF SCHIM VON PANSE

Im Zoologischen Garten

Wieder ist sie nicht gekommen,
Wieder ließ sie heut mich warten
Mit drei dunkelroten Rosen
Hinten im Zoolog'schen Garten.
Mehr als anderthalbe Stunden
Lief ich wartend auf und nieder
Vor dem großen Affenhause,
Tief im Busen Sehnsuchtslieder.
So geht das schon fast acht Tage,
Täglich wart' ich wie auf Kohlen,
Und, statt Else zu erblicken,
Ruinier' ich mir die Sohlen.
Alles fängt schon an zu lachen,
Wenn ich täglich immer wieder
Gehe vor dem Affenhause
Mit drei Rosen auf und nieder.
Denn was wissen sie von Liebe,
Von der Sehnsucht süßem Bangen,
Denen Elses Zauberaugen
Nie in ihre Herzen drangen,
Denen Elses Rosenlippen
Nie in Schelmerei gelacht,
Und die Elses Carmen-Schönheit
Nicht dem Wahnsinn nah gebracht!?
Täglich ist sie sonst nachmittags
Fröhlich hier vorbeigegangen,
Holde Jugend in den Formen,
Lebensfrische in den Wangen;
Geist und Schönheit in den Zügen,
Feinheit in dem edlen Munde,
Immer kam sie hier vorüber,
Täglich um die fünfte Stunde;
Bis ich schließlich Mut gefunden,
Ihr zu nahen unter Beben,

Um ihr eine eigne Dichtung
Mit Musik zu übergeben,
Die der Komponist Morena
In Musik gesetzt durch Töne
Und die Richard Bong verlegte
Unter „Schwarzgelockte Schöne".
Freundlich hat sie sie genommen,
Fand das Titelblatt entzückend,
Mir beim Abschied herzlich dankend
Schelmisch in die Augen blickend;
Aber ach, seit jenem Tage
Ist sie ohne Spur verschwunden,
Und ich wartete vergebens
Täglich fast zwei volle Stunden.
Braunes Kind mit schwarzen Locken,
Sieh, mein Herz brennt lichterloh,
Denke an die Abendglocken
Und komm endlich in den Zoo!
Sieben schlägt es, langsam dunkelt's;
Die Kapellen machen Pause;
Und ich laufe schon zwei Stunden
Hin und her am Affenhause.
Langsam welken meine Rosen
Und desgleichen meine Beine;
Ach wie bitter ist die Liebe,
Liebt man solo sie alleine!

Nein, so kann's nicht weitergehen;
Werde jetzt bei Sekt und Hummer
Oben auf der Weinterrasse
Enden meinen Liebeskummer.
Geht die Liebe durch den Magen,
Muss man auch vertreiben können
Durch entsprechende Ernährung
Unseres Herzens heißes Brennen:
„Kellner, eine Witwe Cliquot

Und die Speisekarte, bitte!"
Hier bedient ein andrer Kellner,
Sagt mir jetzt bereits der dritte.
Doch, was seh' ich, ist es Täuschung?
Nein, es ist Graf Schim von Panse,
Leutnant bei den Gardereitern,
Majoratsherr auf Klein Ranse.
Einst im Pensionat Kollege,
Musste er uns bald verlassen,
Weil er griechisch und lateinisch
Konnte geistig nicht erfassen.
Sonst ein netter Kerl im Wesen,
Nur das Äuß're schlimm beschaffen,
Sein Gesicht auf jeden Steckbrief
Passend hinter einem Affen.
Keine Nase, wenig Stirne,
Einen Mund für neunzig Zähne,
Krummen Gang und krumme Füße,
Mottenfraß in kurzer Mähne:
„Sie hier, Weber?" rief erstaunt er,
„Ach, da setz ich mich zu Ihnen;
Denken Sie, mir geht es traurig;
Heut nach siebenjähr'gem Dienen
Sagt der Oberst mir vertraulich:
,Lieber Graf, so geht's nicht weiter,
Sie sind geistig ungeeignet
Für des Königs Gardereiter!'
Dummheit sei ja kein Verbrechen,
Aber ich sei doch zu dämlich –
Sagte er mir durch die Blume,
Aber unbedingt vernehmlich.
Morgen soll mir Leutnant Minkwitz
Meinen Zug vorexerzieren,
Dann soll ich als letzte Probe
Vor dem Alten paradieren.
Doch ich bleibe gleich zu Hause

Und werd' um den Abschied bitten,
Denn ich fühl' es teilweis selber,
Geistig habe ich gelitten
Durch den Sturz im letzten Jahre;
Abschied nehm' ich von den Pferden,
Um in London bei der Botschaft
Wieder Attaché zu werden!"
„Armer Graf, nur nicht so mutlos,
Immer Kopf hoch bei den Sorgen;
Lasst uns heute fröhlich trinken.
Denken wir nicht an das Morgen!
Ich hab' gleichfalls Grund zum Klagen;
Kennen Sie den Affenkäfig,
Liebeskummer, grenzenlosen?"
„Wie, was, Käfig, Rosen, Liebe?"
„Später will ich's Ihnen sagen,
Jetzt soll uns die Witwe Cliquot
Schnell verscheuchen uns're Plagen!"
„Ihr Wohl!" „Danke, auch das Ihre!"
„Zweimal Hummer und zwei Hühner!"
„Mir Salat!" „Mir Preiselbeeren!"
„Ganz egal, jedoch nur grüner;
Und dann noch 'ne Pulle Cliquot!"
„Ach, man lebt doch nur beim Sekte;
Sekt macht lustig und verscheucht uns
Selbst die geistigen Defekte!
An den Doktor Moppel werden
Sie sich doch erinnern können,
Dieses Rindvieh im Quadrate
Durfte stolz sich Doktor nennen;
Konnte Oberlehrer werden
Und war selbst zu dumm zum Pflügen,
Aber ich, ich soll auf einmal
Selbst als Leutnant nicht genügen!"
„Wissen Sie noch, Nachbars Trude,
Jene tolle, schwarze Kleine,

Die ich einst als Jüngling liebte,
Heimlich traf im großen Haine?
Denken Sie sich die viel schöner,
Viel, viel schöner, unvergleichlich,
Und Sie sehen Fräulein Else,
Denn sie ist ganz unerreichlich!"
„Sicher war ich nie der Klügste,
Aber ehrlich, Weber, ehrlich,
Bin ich wirklich gar so dämlich?"
„Na, ich find's nicht so gefährlich!
Kellner, noch 'ne dritte Flasche!"
„Und zur Linie[83]? Nich zu machen!"
„Ach, wenn sie nur morgen käme!"
„Ich zu dämlich, ich muss lachen!"
„Noch 'ne Flasche, Kellner, plötzlich!
Heute dauert's furchtbar lange!
Lieben und geliebt zu werden,
Führet nur zum Niedergange!"
„Meine Ahnen liebten alle
Viel Zuviel, doch mir ist's schnuppe;
Eener liebt die Weiber lieber
Und der andre seine Gruppe!"
„Auf die Liebe! Graf, Sie saufen!"
„Was? Sie sind beim gleichen Glase,
Und die Welt ist gar zu herrlich,
Die bemenschte Seifenblase!"
„Graf, Sie schaukeln ja beim Sitzen!"
„Und Sie sehe ich jetzt doppelt!"
(Stammelnd:) „Mokka, Kellner, Kellner, Mokka!
Eh – man – das – zu – sammen – stoppelt!"
„Hm! Ja, ja, die Kameraden
Sagen, dass ich ähnlich sähe
Dem Schimpansen hier im Käfig!"

---

[83] Linie: alte militärische Bezeichnung für alle nicht zur Garde gehörenden Truppen.

„Unsinn, höchstens in der Nähe!"
„In der Nähe, ja beinahe;
Schließlich, ähnlich will nichts sagen,
Mir ist das och ziemlich piepe!"
„Mir wird viel zu eng im Kragen!
Graf, wir werden mal versuchen
Uns den Affen anzuäugen,
Um uns von den Ähnlichkeiten
Freundlichst selbst zu überzeugen!"
„Nee, die Bude ist geschlossen!"
„Ach, der Wärter ist gemütlich!"
„Zahlen, Kellner!" „n´ Abend, n´ Abend."
„Sie, mein linkes Bein läuft südlich,
Während sich das rechte scheinbar
Fühlt nach Norden hingezogen!"
„Ist das Adlon dort, der Weiße?"
„Nee, das is ´n Regenbogen!"
„Jetzt um neune? Ausgeschlossen!"
„Der hat sich vielleicht verloofen!"
„Mensch, sind wir nu angesäuselt
Oder sind wir Philosophen?"
„Ach, da ist ja schon der Käfig!
Und man ließ den Schlüssel stecken;
Leise, drüben schläft der Wärter;
Leise, dass wie ihn nicht wecken!"

Im Affenkäfig

In der Ecke eingeschlafen,
Überähnlich einem Grafen,
Sehen wir das Riesentier;
Auf den Zehen nahten wir,
Als der Schim, vom Sekt geschwungen,
Nachgab den Erschütterungen
Und en face mit dem Profil
Auf den Bauch des Affen fiel.

Der sprang auf von der Matratze
Und dann mit 'nem Riesensatze
Auf des Baumstamms höchste Spitze,
Näheres besagt die Skizze.
Schim versuchte unter Fluchen
Aufzustehen, aber Kuchen;
Es versagten stets die Glieder,
Er fiel immer wieder nieder,
Bis er plötzlich auf den Knien
Anfing, nackt sich auszuzieh'n.
„Graf", rief ich, „sind Sie von Sinnen?
Kommen schleunigst Sie von hinnen!"
Aber nutzlos sprach ich weiter,
Schim warf eiligst, froh und heiter,
Lächelnd wie ein Frosch vor Glück,
Von sich jedes Kleidungsstück.
Schlug dann um die magern Lenden,
Um den Affen nicht zu blenden,
Der erbleichte vor Entsetzen,
Einen langen roten Fetzen,
Den der Affe immer trug,
Kamen Damen zu Besuch;
Schloss die müden Augelein
Und schlief gräflich schnarchend ein.
Jählings springt der Affe runter,
Kitzelt meinen Grafen munter,
Und die beiden mit Elan
Tanzen Arm in Arm Cancan.
Niemand konnte unterscheiden,
Wer der Graf war von den beiden;
Beide blickten wie die Laffen,
Beide grunzten wie die Affen,
Beide waren dicht behaart,
Beide hatten keinen Bart.
War das Licht schuld, war's der Sekt?
Kurz, ich war zu Tod erschreckt,

Als ich keinen von den beiden
Konnt' vom andern unterscheiden;
Und als wenn mich Gänse bissen,
Bin ich schleunigst ausgerissen.
Fiel beim Laufen zweimal hin,
Saß dann bald im Auto drin,
Und in einer Viertelstunde
Fuhr ich liegend in die Runde
Mit dem Bette über Wogen,
Dabei völlig angezogen,
Denn bei diesem Zimmerdrehen
Kann kein Mensch vernünftig stehen,
Um den Körper zu entkleiden
Von den Sachen und Geschmeiden.

Weiß nicht, war ich eingeschlafen?
Plötzlich denk ich an den Grafen,
Der im Adamschen Gewande,
Es ist eine Affenschande,
Mit dem Affen sich vergnügt
Und sich froh im Tanze wiegt:
„Kellner", rief ich, „zahlen, bitte!"
Raum ist in der kleinsten Hütte!
Geben Sie das Lied mir wieder!"
Da fiel ich vom Bette nieder;
Um mich sprühen tausend Funken,
Bin ich gar leicht angetrunken!?
Wasser trink ich eimerweise,
Bis ich etwas wen'ger kreise,
Und fahr dann mit Windesschnelle
Zu des Affenkäfigs Zelle,
Wo ich, noch stockt mir mein Blut,
Sehe Schim voll Übermut
Auf des Baumstamms höchsten Höhen
Sich wie einen Affen flöhen,
Gegen all und jede Norm

In der vollen Uniform:
„Graf", rief ich, „um Gottes willen,
Nehmen Sie Beruh´gungspillen,
Denn, sonst bringt das Sektsouper
Sie noch um den Attaché!"
Lautlos kam er grinsend runter,
Griff mich unterm Arm ganz munter,
Lautlos gingen wir hinaus,
Nahmen schleunigst dann Reißaus,
Denn die Zeit war furchtbar knapp,
Grad´ schloss man den Garten ab.
Als wir bald im Auto saßen,
Fing der Graf an toll zu spaßen;
Sprang in schnellster Autofahrt
Ohne jede Lebensart
Durch das Fenster auf das Dach
Unseres Autos, mir wird schwach;
Denn im gleichen Augenblick
Kam vom Dienste müd zurück
Eine halbe Kompagnie
Unserer Garde-Infanterie;
„Augen links!" schrie wie im Zorne
Einer der Soldaten vorne,
Und zweihundert schwere Beine
Stampften wütend Pflastersteine.
Wie beschwerte Gliederpuppen
Wirkten so die Gardetruppen,
Die durch Strampeln mit den Füßen
Ihre Vorgesetzten grüßen.

Gott sei Dank, des Autos Jagen
Kürzte mir mein Missbehagen,
Und schon an der nächsten Ecke
Holte ich ihn vom Verdecke,
Scharf ihm auseinandersetzend,
Dass er, seinen Stand verletzend,

Sich an öffentlicher Stätte
Wie ein Aff' benommen hätte.
Und er lachte, lachte innig:
„Affe, sagst du? Mensch, das bin ich!
Habe dich zum Spaß betrogen,
Seine Sachen angezogen,
Und der dort noch liegt im Schlaf,
Ist dein hochgeborner Graf!"
„Aber Schim", rief ich sehr böse,
„Wenn Sie dieses skandalöse
Sich-Betragen weiterführen,
Wird man Sie noch degradieren!"
Doch er blieb bei der Erklärung,
Dass er schon seit der Gebärung,
Affe sei und bleiben wolle,
Der nur spiel' des Grafen Rolle.
Und von beiden Beinen zog er
Zu beweisen, dass nicht log er,
Erst den Stiefel, dann die Strümpfe,
Ich sah je der Finger fünfe,
Sah die Daumen, wohl beschaffen,
Wie sie stets nur haben Affen.
Als ich dieses so gewahre,
Standen Berge meine Haare,
Wahnsinn nahte meinem Hirne,
Eis'ger Angstschweiß meiner Stirne.
Tränen hab ich fast vergossen,
Denn der Zoo war abgeschlossen,
Und der Graf par force getrennt
Morgen früh vom Regiment,
Wo er exerzieren sollte,
Weil es der Herr Oberst wollte,
In der Früh punkt sechseinhalb,
Um zu retten seinen Skalp.
Doch ich zweifelte gleich wieder,
Dass mein Nachbar, treu und bieder,

Wirklich nur ein Affe wäre,
Und ich fragte ihn: „Auf Ehre,
Sind Sie wirklich nur Schimpanse?"
„Warum nur?" fragt mich die Pflanze:
„Seid ihr Menschen vielleicht Stiere
Oder sonst'ge Riesentiere,
Löwen oder Riesenschlangen,
Die nicht brauchen Feuerstangen,
Um den Kampf mit uns zu wagen?
Warum ,nur ein Affe' sagen?"
„O pardon", rief ich gemütlich,
„Friedlich, lieber Affe, friedlich;
Selbstverständlich ein Versprechen,
Schuld ist nur mein starkes Zechen;
Aber ehrlich, Festgenosse,
In der Auto-Tax-Karosse,
Den ich ganz erstaunt begaffe,
Schwör mir, bist du wirklich Affe,
Und wer lehrte dich das Denken,
Wer tat dir die Sprache schenken?"
Schmunzelnd sprach er: „Well, dear Mister,
Halbbearmter Menschphilister,
Wenn Sie es diskret bewahren,
Werde ich mich offenbaren!"
Und ich gab dem Kerl sofort
Sein Schimpansenehrenwort.
Er begann dann: „Jung an Jahren,
War ich einstmals unerfahren,
Lebte unter Palmen frei,
Kannte keine Sklaverei,
Aber, frag den Elefant',
Denken war mir wohlbekannt,
Als sich meinem Wohnsitz nahten
Fünfzig preußische Soldaten,
Die dort täglich exerzierten
Und mit Negerfrau'n charmierten.

Täglich hört ich Worte lallen,
Täglich sah ich Frauen fallen,
Und ich fühlte Neid darob,
Dass der daumenarme Mob,
Der noch nicht mal klettern kann,
Durch ein Wort oftmals gewann,
Was uns Affen mit Gefahr
Und Geschick nicht möglich war.
Und zum Affengotte flehte
Ich im Geiste durch Gebete
Jede Nacht am heil'gen Orte:
‚Schenke mir die Kraft der Worte!'
Doch der Gott sprach stummerweise:
‚Bleibe stumm zu meinem Preise,
Hin ist deine Freiheit dann,
Fängst du erst zu sprechen an.'
Aber ich bat immer wieder,
Bis ein Vampir flog hernieder.
Uns'res Affenhimmels Bote,
Einen Ölzweig in der Pfote.
Und von jener selben Stunde
Sprach ich preußisch mit dem Munde.
Aber schon am andern Tage,
Ward die Sprache mir zur Plage,
Denn, als sie mein Wort vernommen,
Sind sie blitzschnell hergekommen
Und mit Leitern und mit Stangen
Nahmen sie mich gleich gefangen.
Weil man so mein Herz gebrochen,
Hab ich nie ein Wort gesprochen,
Doch da du mich frei gemacht,
Ist das Wort sogleich erwacht;
Aber brichst du mir dein Wort,
Ist auch meine Freiheit fort!"

Bei Kommerzienrats

Armer Kerl, du tust mir leid,
Drum werd' ich diskret bewahren,
Was du mir jetzt anvertraut
Und dich schützen vor Gefahren.
Diese Nacht schläfst du bei mir,
Da bist sorglos du geborgen,
Deine Freiheit schütz' ich
Und zum Grafen geh' ich morgen.
Aber, weißt du, lieber Freund,
Heute Nacht wird durchgebummelt
Und mit deiner Uniform
Wird die halbe Welt beschummelt.
Es ist eben erst nach elf,
Und ich bin heut' eingeladen
Bei Kommerzienrats zum Tanz,
Komm nur mit, es wird nichts schaden.
Du bist heute Schim, der Graf,
Denn auf Grafen sind versessen
Fräulein Tochter und Madame.
Außerdem gibt's gut zu essen.

„Gnäd'ge Frau, ich war so frei,
Hier als Gastfreund mitzubringen
Graf von Panse!" „Ach, wie nett!
Vielen Dank vor allen Dingen
Sag' ich Ihnen, mein Herr Graf,
Dass Sie freundlichst angenommen,
Mit dem Freunde sans façon
Auf ein Butterbrot zu kommen.
Ein Herr ‚von' ist auch zugegen,
Doch ein Graf hat nie betreten
Unser sonst so gastlich Heim.
Minna, reichen Sie Pasteten!
Sie gestatten wohl Herr Graf!

Meine Tochter Leonore,
Doch im familiären Kreis
Nennen wir das Kind nur Lore;
Wenn's Herrn Grafen Freude macht,
Fräulein Lore sie zu nennen,
Wären wir mehr als beglückt,
Denn, wenn Sie sie näher kennen,
Werden Sie sofort ersehen,
Dass sie noch mit zwanzig Jahren
Ist doch nur ein großes Kind,
Wie ein Backfisch, unerfahren.
Trotzdem war sie in Paris,
Auch in London, in Familie,
Doch sie blieb dabei so rein,
Wie 'ne kaum erblühte Lilie.
Unsre Einzige, Herr Graf;
Alles wird ihr einst gehören.
Ach, gestatten Sie, mein Mann. - - -
Du kommst immer, um zu stören!" - - -
So ging das 'ne ganze Zeit,
Der Schimpanse blickte dämlich,
Schließlich aber wurde ihm
Ihr Gewäsch zu unbequemlich,
Weil ja doch der arme Kerl
Kaum verstand den Sinn der Worte.
Drum ließ er sie einfach stehen
Und verschlang 'ne halbe Torte,
Die die Kammerzofe trug,
Die die Schönste war beim Feste,
Und die er danach zum Dank
Fest in seine Arme presste.
Anstandshalber schrie sie laut,
Ließ den Tortenteller fallen,
Der in tausend Stücke brach
Unter donnerlautem Knallen.
Dumme Gans! schrie die Frau Rat,

Die den Grund nicht wahrgenommen,
Und ich ließ den Affen schnell
Mit ins Nebenzimmer kommen:
„Graf", sprach ich, denn ich vergaß,
Da ich noch mehr Sekt gekneipt,
Dass ja in der Uniform
Nur ein Aff' sein Wesen treibt:
„Graf, sind Sie denn ganz verrückt,
Dass Sie sich hier so betragen!
Was soll Fräulein Lore nur
Zu solch tollem Frevel sagen?
Sie ist unermesslich reich:
Sicher fünf bis sechs Millionen,
Und sie ist verliebt in Sie
In den höchsten Dimensionen!"
„Nein, die ist nicht hübsch genug!
Ich will meine Kammerzofe,
Kommt sie nicht sofort zu mir,
Gibt es eine Katastrophe!"
„Aber, Graf, sie hat kein Geld!"
„Geld?", sprach er, „ich will die Kleine!
Küsst ihr Geld in eurer Welt,
Wenn ihr geht zum Stelldicheine?"
Augenblicklich war's mir klar,
Dass kein neungezacktes Wesen
Diese dumme Antwort gab,
Und ich nahm ohn' Federlesen
Meinen Affen unterm Arm,
Ihn mit seinem Käfig schreckend,
Wenn auch scheinbar nur zum Scherz,
So, als täte ich es neckend.
Er verstand mich nur zu gut,
Und benahm sich gleich viel besser,
Nur als man das Eis servierte,
Aß er's leider mit dem Messer.
Gott sei Dank nahm jeder an,

Dieses sei die letzte Mode,
Und es aß der ganze Kreis
Nach der gräflichen Methode.
Lore fand das „wundernett",
So total aristokratisch,
Dabei schmeckte auch das Eis
Mehr als sonst noch aromatisch.
Und Frau Rat gab zum Kaffee
Statt der Löffel kleine Gabeln,
Denn was tut 'ne Bürgersfrau
Nicht im Umgang mit Notabeln[84]?!
Da, wir saßen im Salon,
Lore mehr als nah beim Grafen,
Und im Nebenzimmer sang
Ein Bassist durch drei Oktaven,
Als der Graf, schnell wie der Blitz,
Lore in die Mähne fasste,
Dass das arme junge Ding
Wie ein Schimmel fast erblasste,
Wo er einen Pulex[85] fing,
Den ein Gast ihr mitgebrungen,
Und ihn mit Genuss verschlang
Höchst vergnügt und ungezwungen.
Alles war natürlich starr,
Erstens des Insektes wegen,
Denn man soll sich im Salon
Möglichst ohne Floh bewegen;
Zweitens, weil der Graf den Floh
Coram publico ergriffen,
Denn die Flohjagd im Salon
Gilt zurzeit für ungeschliffen;

---

[84] Notabeln: Angehörige der sozialen Oberschicht, deren Ansehen auf hohem Rang, besonderen Verdiensten oder großem Vermögen beruhte.
[85] Pulex: eine Flohgattung

Drittens weil er seinen Fang
Quasi als Dessert verschluckte
Und dabei auf Lores Kopf
Nach vermehrtem Nachtisch guckte.
Lore weinte und Frau Rat
Konnte kaum vor Wut noch kochen,
Mit den Augen hat sie mich
Samt dem Grafen totgestochen;
Als ich schleunigst mich erhob,
Um Verzeihung zu erbitten,
Weil der Graf in Afrika
Leicht am Geiste hätt' gelitten.
Alles lauschte höchst gespannt,
Nie sprach ich gedankenvoller,
Über einen kleinen Floh
Und den größten Tropenkoller.
Nannte Peters[86], nannte Leist[87],
Die jetzt eigne Flohzucht trieben,
Weil bei ihnen auch der Hang
Nach dem Blut zurückgeblieben.
Man verstand und man verzieh
Diese afrikan'schen Sünden,
Doch Frau Rat bestand darauf,
Dass der Graf aus siebzehn Gründen
Sich noch in derselben Nacht
Mit dem Kind verloben müsste,
Und ich nickte, und er tat's.
Mutter jauchzte, Lore küsste,
Vater lächelte sein Ja
Mit den Daumen in der Weste,

---

[86] Carl Friedrich Hubertus Peters: ein Publizist, Kolonialist und
Afrikareisender mit stark ausgeprägter rassistischer Einstellung.
[87] Karl Theodor Heinrich Leist: ein deutscher Jurist und
Kolonialbeamter. Als Vertreter des seinerzeit beurlaubten
Gouverneurs von Kamerun löste er 1893 eine Meuterei aus, als er
Frauen dienstverweigernder afrikanischer Soldaten auspeitschen ließ.

Und der Affe blickte blöd;
„Hoch das Brautpaar!" schrien die Gäste.
Armer Kerl, dacht' ich nachher,
Kaum dem Käfig erst entsprungen,
Sollst du leiden durch die Eh'
Noch viel schlimmre Folterungen –
Nein, das geht in keinem Fall,
Hier muss ich ein Ende machen,
Sonst steht bald ein echter Affe
In den Adelsalmanachen:
„Einen Augenblick, Herr Rat,
Eine Beichte abzulegen!"
„Na, um wieviel handelt's sich?"
„Kam ich je des Geldes wegen?"
„Nun, es war nicht bös gemeint;
Womit kann ich Ihnen dienen?"
Und ich nahm den feisten Herrn
Mit den überfrohen Mienen
In die Ecke des Salons,
Um Verzeihung zu erbitten.
Doch schon nach dem ersten Satz
Tränen ihm herunter glitten:
„Kinder", rief er, „kommt mal her,
Ach, ich kann schon kaum mehr lachen,
Unser Graf wär' nur ein Aff';
Solche Witze hier zu machen!
Göttlich, solch ein Humorist;
Was die für Gedanken haben!
Ist das nun bloß angelernt,
Oder sind das quasi Gaben?
Lieber Schim, sei ihm nicht bös,
Er muss von den Witzen leben,
Und da kommt es öfters vor,
Dass man auch mal haut daneben!"
„Nein", schrie ich, „es ist kein Spaß;
Er war noch im Käfig heute;

Seht euch doch das Vieh nur an,
Seid ihr denn des Teufels, Leute!?"
„Bitte, gehen Sie nicht zu weit!"
Sagte die Frau Rätin strenge:
„Es muss eine Grenze sein!"
Immer lachte noch die Menge,
Die genossen zu viel Sekt.
Doch die Braut entrüstet sprach:
„Lieber Schim, du musst dich schlagen,
Denn ein Mann sühnt nur durch Blut
Solch empörendes Betragen! - - -
Als die Kammerzofe kam,
Um den Kaffee zu servieren,
Schim – sie seh'n, sprang blitzschnell auf,
Um sie liebend zu berühren.
Retirierend[88] fiel sie um,
Und der Kaffee floss in Strömen.
Erst Geschrei und dann war's stumm;
Unerhört war solch Benehmen.
Ich lief eiligst aus dem Haus,
Meinen Affen oben lassend.
Denn in Gegenwart der Braut
Fand ich seine Tat nicht passend;
So was macht man doch diskret,
Aber nicht im vollen Saale!
Doch kaum unten angelangt,
Öffnet sich mit einem Male
Schnell ein Fenster, zweiter Stock,
Und mein Graf in voller Rüstung
Steht erst einen Augenblick
Suchend auf der Fensterbrüstung,
Und lässt sich dann elegant
An des Hauses Blitzableiter

---

[88] Retirieren: sich zurückziehen; sich aus dem Kreis anwesender
Personen entfernen; verschwinden.

Auf das Trottoir herab
Und ging schleunigst mit mir weiter.
Mir war wirklich wie im Traum,
Furchtbar war mir die Blamage,
Schimpfen hört´ ich noch und schrei´n
Aus des Hauses Beletage.
Gott sei Dank kam just vorbei
Eine Droschke erster Klasse,
Rein mechanisch rief ich noch
Mit vom Sekt geöltem Basse:
„Kutscher, nach der Union-Bar!“
Ohne, dass ich mir was denke,
Weil ich oftmals in der Nacht
Dorthin meine Schritte lenke.
Ich stieg ein, er folgte nach;
Schleichend jagte durch die Straßen
Unser Wagen hinterm Gaul,
Als wie beide schweigend saßen
Schon mit Rücksicht aufs Geräusch,
Das der Klapperkasten machte,
Einer rechts, der andre links,
Bis er uns zum Ziele brachte.

In der Unions-Bar

Allgemeines Blickeheben
Jener, die von Liebe leben,
Dass mein Graf, so ganz abnorm,
Eintrat in der Uniform:
„Kiek mal, Else“, sagte Lene,
„Der dort mit die Säbelbeene
Und dem Versephilosophen
Hat sich scheinbar hier verloofen.
Kinder, kommt in unse Ecke.
Na, denn nich, du Vogelschrecke,
Brauchst mir gar nicht anzugaffen!“

Sprach sie indigniert zum Affen,
Als er jenen Platz verschmähte
Und nach einem andern spähte.
An der Wendeltreppe hinten
Zwei gereifte Schönen minnten
Vis-à-vis der Hauskapelle
Und der Toilettenquelle.
Da sie beide unbegehrlich,
Waren Schim sie nicht gefährlich,
Und drum nahmen wir dort Platz
Auf des Körpers Untersatz.
„Kellner, schleppen Sie herbei
Eine Pommery[89], extra dry!"
„Und vier Gläser!" rief die Dicke,
Die durch traurige Geschicke
Ihre Keuschheit einst verlor,
Die sie nie besaß zuvor.
Mieze nannte sich die Dame,
Resi war der andern Name,
Beide waren parfümiert,
Elegantest kostümiert,
Fein bestrumpft und lackbeschuht,
Schwer beringt und schick dessout,
Beide Ledas ohne Schwan
Und dem Golde zugetan;
Beide waren peinlich rein
Und so tüchtig wie gemein.
Die Kapelle spielte Linke
Oder Wagner; wenn ich trinke,
Kann ich meistens diese beiden
Nur im Anfang unterscheiden;
Als die Dicke sprach zum Grafen
Von der wilden Ehe Hafen,
Der nicht fern von hier gelegen,

---

[89] Pommery: eine Champagnermarke.

Und sie wollte ihn bewegen,
Auf der Venus Opfersteine
Ihr zu opfern ein´ge Scheine.
„Geld", sprach er, „als Tausch für Liebe?
Ihr seid schlimmer noch als Diebe!"
Wütend schrie sofort Therese:
„Oller Quatschkopf ohne Neese,
Du mit deine Affenfratze
Ruinierst bloß de Matratze!
Und denn willst du nicht mal zahlen?
Du kannst mir von hinten malen!"
„Aber Fräulein", rief ich gütlich,
„Bleiben Sie doch nur gemütlich,
Denn der Graf" - - - „Ach wat, Ihr Graf,
Denken Sie, ick bin so´n Schaf,
Det uff Adel noch wat hält.
Bei mir adelt nur det Geld!"

Um mit Resi nicht zu raufen,
Sind wir schleunigst fortgelaufen,
Und der Affe sagte leise:
„Stündlich find´ ich mehr Beweise,
Dass die Menschheit tiefer gleitet,
Und nur scheinbar vorwärts schreitet,
Denn nicht einer von uns Affen
Ist wie dieses Mensch beschaffen!"
Und ich stotterte bezecht:
„Wenn wer recht hat, hat wer recht!"

Professor Haeckel[90] und in der Kaserne

Weiter sind wir nun gegangen
In verschiedene Cabarets,
Wo man bei den höchsten Preisen
Wein verpanschte mit Couplets[91];
Ich hätt' es ja ausgehalten,
Aber Schim lief immer weg,
Denn er sagte, dieser Schwindel
Hätte wirklich keinen Zweck.

Längst hatt' es schon sechs geschlagen,
Und bei Bauer saßen wir,
Als auf einmal ich erschreckte
Bei dem fünften Glase Bier:
„Schim", sprach ich, „es ist entsetzlich,
Eben fällt mir wieder ein,
Dass der Graf in zehn Minuten
Muss in der Kaserne sein.
Tu mir, bitte, den Gefallen,
Fahre gleich mit mir hinaus,
Sonst wirft man den armen Grafen
Noch mit Schimpf und Schande raus.
Furchtbar einfach ist die Sache,
Du machst nach, was Minkwitz zeigt,
Und lässt den Herrn Oberst schimpfen,
Weil der Klügre immer schweigt;
Stellt er aber eine Frage,
Meistens tut er's mit Krakeel,
Salutierst du mit der Rechten

---

[90] Ernst Heinrich Philipp August Haeckel: ein deutscher Mediziner, Zoologe, Philosoph, Zeichner und Freidenker, der ab den 1860er Jahren die Ideen von Charles Darwin zu einer speziellen Abstammungslehre ausbaute.
[91] Couplet: scherzhaft-satirisches Strophengedicht mit Kehrreim und meist aktuellem [politischem] oder pikantem Inhalt.

Und sagst einfach: ‚Zu Befehl!'"
Wie der Blitz ging's zur Kaserne,
Pünktlich traf mein Affe ein,
Gern tat er mir den Gefallen,
Stolz ging er ins Tor hinein.
„Gegen neun siehst du mich wieder",
Sagte ich ihm noch zuletzt,
Dann bin ich im gleichen Tempo
Schleunigst in den Zoo gehetzt.
Eigentlich war noch geschlossen,
Doch ich hatte großes Glück,
Denn kaum stand ich vor dem Gitter,
Als im selben Augenblick
Auf dem Hans, dem superklugen,
Der inzwischen Stunden nahm,
Herr Professor Haeckel selber
Durch das Tor geritten kam.
„Was ist los?" fragt' ich den Wärter,
Der den Hut zog bis zum Knie,
„Komm' Se man", sprach er vertraulich,
„Denken Sie, det Affenvieh
Fing heute Morgen an zu sprechen,
Schimpft und spuckt und haut und flucht,
Und da schickten wir nach Haeckeln,
Det er ihm mal untersucht!"
Langsam folgt' ich dem Professor
Und ging dann von hinten rum
Dort nur durch die Türe blickend,
Denn die Angst bracht' mich fast um.
Haeckel untersuchte gründlichst,
Und der Graf, der wild empört,
Wurde durch vier Mann gehalten
Und beschnuppert wie ein Pferd.
Und es sprach der Herr Professor:
„Sage mir, mein lieber Hans:
Ist der Kerl für dich ein Affe,

Nun, dann wackle mit dem Schwanz."
Und der Hans fing an zu wackeln,
Und der Graf fing an zu schrei'n,
Und der Haeckel untersuchte
Und sprach mit sich selbst Latein.
Schließlich sagte er voll Würde:
„Liebe Leute, sehet hier,
Dieses Vieh ist ohne Zweifel
Das gesuchte Mitteltier;
Scheinbar hatte seine Mutter
Eine kleine Liebelei
Ein'ge Tage nach der Zeugung
Mit 'nem klugen Papagei;
Drum hat später sich gebildet
Seine Sprache als sein Leib,
Unbestreitbar ist es nötig,
Dass ich diesen Fall beschreib'.
Deshalb nehm ich den Schimpansen
Erst mal mit nach Haus zu mir.
Packen Sie ihn in die Kiste!
Oder ist ein Käfig hier?"
Keine zwei Minuten später
Saß Herr Haeckel auf dem Pferd,
Hinter sich den Affenkäfig,
Auf dem Weg zu seinem Herd.
Selbstverständlich ward beordert
Haeckels Fotograf ganz flink,
Um als Gruppe aufzunehmen
Ihn und Hans und Missing link.

Sinnend schritt ich, zu mir sprechend:
Dass ich schwieg, war trotzdem klug,
Denn mein Affe ist ganz einzig,
Aber Grafen gibt's genug;
Als mir mein Schimpanse eiligst
Voller Lust entgegenkam,

Und ich aus des Affen Munde
Fast Unglaubliches vernahm:
„Denken Sie", sprach er, „der Oberst
War von mir ganz hoch entzückt;
Er hat mir die Vorderhände
Mehrmals sogar fest gedrückt.
Graf, sprach er, warum geht´s heute?
Glänzend war es, ganz brillant!
Lieber Graf, ich gratuliere
Zu dem Oberleutenant!"

Na, ich dank´ für die Bescherung!
Der Schimpanse avanciert,
Und der Graf wird wissenschaftlich
Als ein Aff´ rekognosziert[92].
Menschlich such ich, allzumenschlich
Zu erkennen das Objekt,
Aber Schim sprach: „Nur nicht denken,
Denken macht den Geist defekt!"
Und gedankenlos drum schritten
Durch die Straßen unsrer Stadt
Der Instinkt und die Berechnung
Schulterblatt an Schulterblatt.
Und wenn ich es heut bedenke,
Was das Höh´re von den Zwei´n,
Sag ich mir voll Überzeugung:
„Nur das eine ganz allein!"

Besuch bei den Tieren

Eine gute halbe Stunde
Liefen planlos wir grad´aus,
Als ich links den Turm gewahrte

---

[92] rekognoszieren: die Echtheit einer Person, Sache oder Urkunde [gerichtlich oder amtlich] anerkennen.

Von dem Elefantenhaus:
„Schim", rief ich, „lass uns besuchen
Unsern großen Elefant`,
Denn ich möchte ihn gern fragen
Nach so manchem Gegenstand.
Es hat grad´ halbzehn geschlagen,
Und der Garten ist noch leer,
Komm als Dolmetsch mit, mein Lieber!"
Erst erklärt´ er: „Nimmermehr!"
Doch dann hat er nachgegeben,
Und weil krank der Elefant,
Hat er uns im Bett empfangen
Und gerüsselt uns die Hand.
Was der Weise uns verraten,
Schreib´ ich nieder jetzt am Pult;
Sollte er mich dementieren,
Ist allein der Affe schuld.
Das vierfüßigste der Tiere
Setzte sich im Bett zurecht,
Und sprach dann auf meine Bitte
Übers menschliche Geschlecht:

„Zunächst, mein Freund, persönlich ich bemerke,
Das Menschenvolk sieht stets die Welt zu klein;
Drum leide ich durch eurer Heilkunst Werke,
Der Doktor sucht mein Leiden nur am Bein.
Nur viel Bewegung bringt zurück die Stärke,
Stattdessen steckt man mich ins Bett hinein;
Man sucht im Bein den Ursprung meiner Leiden,
Die Freiheit gebt mir, und das Weh wird scheiden!

Die Freiheit, sag ich, die ihr längst verloren,
Seitdem ihr unklug jagt nach dem Besitz;
Euch lässt der Teufel schon hienieden schmoren,

Es ward das Gold der Menschheit Afterwitz[93].
Für Gold verkauft ihr Leib und Geist, ihr Toren,
Ja selbst den Platz, der nötig ist dem Sitz.
Zum Sklaven wurdet ihr des Goldes wegen
Und bittet Gott um Gold anstatt um Segen!

Versklavt durch Gold, durch Bier, durch Schnaps, durch Weine,
Und durch Gesetze wider die Natur,
Sind euch gebunden bildlich Geist und Beine;
Ihr seid nur noch verkörperte Dressur.
Und täglich zieht euch fester zu die Leine,
Das, was ihr nennt des Geistes Hochkultur,
Damit die Hammel fromm im Kreis sich drehen,
Und eure Löwen schmählich untergehen.

Ihr denkt zu viel, zu viel an falscher Stelle.
Das Leben ist so kurz, drum freut Euch dran!
Des Menschen Geist ist auch nur Bagatelle,
Der nie des Schöpfers Werk durchdringen kann.
Frag nicht, warum dem Stein entspringt die Quelle,
Nein, trink daraus, du durst´ger Wandersmann!
Warum du lebst, warum du stirbst, sind Fragen,
Die nutzlos sind für deinen Geist und Magen.

Ihr sucht das Glück, das Glück lässt sich nicht finden;
Schon wer es sucht, verkennt des Glückes Art.
Es wird das Glück dem immerdar entschwinden,
Der es verfolgt auf seiner Lebensfahrt;
Glück heißt allein: sein Ich in sich zu finden,
In eurem Busen ruht es wohl verwahrt.
Es lässt sich nicht wie Ostereier suchen,
Und wer es tut, den macht es zum Eunuchen.

Ihr lernt, bis Hirn und Augen sich ermüden,

---

[93] Afterwitz = Aberwitz: Zerrbild des Witzes, d.h. des Scharfsinnes.

Raubt euren Kindern ihre Jugend gar;
Drum statt der Riesen treten Invaliden
Entkräftet hin vor euren Traualtar.
Statt frohen Kampf ersehnt der Mensch den Frieden
Und schuf den Schutzmann, fürchtend die Gefahr.
Geh, rückwärts, Mensch, an der Natur gesunde;
Am hohen Turm ging Babylon zugrunde!"

Freundlich gab der alte Herr,
Dem ich lieh die Ohren,
Mir sein Bild mit Autogramm,
Doch ich hab's verloren.

Dann führt' Schim mich ins Gebüsch,
Wo auf grünen Kronen,
Wohlgeborgen tief im Nest,
Nachtigallen wohnen.
Eine weckte zart er auf,
Nannte unsre Namen,
Doch sie sprach sehr ärgerlich,
Weil wir störend kamen:

„Lieber Deutscher, ich bin müd',
Lass am Tag mich schlafen,
Komm, wenn nachts ertönt mein Lied,
Her mit deinem Grafen.
Nur wenn ich im Hain zur Nacht
Kann sein Bild entdecken,
Dessen Lied mich weinen macht,
Dann darfst du mich wecken!"

Hin zum Fuchs sind wir gegangen,
Dessen Tür mit Eisenstangen
Ist verrammelt schon seit Jahren,
Ihn vor Dieben zu bewahren;
Seine Gattin, rötlichgrau,

War zwar nicht ganz seine Frau,
Doch bei Füchsen allgemein
Darf man nicht so kleinlich sein.
Kaum begrüßt, sprach er sehr bitter
Über Moabit und Zwitter:

„Menschliches Wesen, begleitet vom göttlichen Affen,
Leih' mir dein Ohr, das der Schöpfer verkrüppelt erschuf dir;
Hör' die Geschichte von mir, dem das Recht man gebeugt!
Wahrlich, es ist keine Lust, in Deutschland zu spielen den Retter:
Ging ich da kürzlich im Walde des Königs spazieren,
Als ich zwei Hähne erblickte beim Liebesgeflüster.
Furchtbares fühlt' ich, denn käme der König gegangen,
Sähe er hahnendes Lieben und rasete rastlos.
Vaterland, König, Gesetze, verletzt durch zwei Hähne!
Rasch griff ich zu und nahm den fetten zum Fraß mir,
Während der mag're schnell flüchtend der Strafe entzog sich.
Sagt' nicht der richtende Richter mit menschlicher Dummheit,
Dass ich den Hahn nur aus eignem Interesse verzehrt hab';
Brummet vergnüglich vier Monat aufs Fell mir!
Fiat justitia pereat mundus[94], doch ich sage:
All things that are, are with more spirit chased than enjoyed;
Tempi passati, toujours en vedette, panje! Eljen!!
Gerne verzapft' ich noch 15 der fremdesten Sprachen,
Leider nur hab' ich die Lexika, die dazu nötig, zur Hand nicht!"

Ich sagte ihm zum Abschied nur
Beim Wechsel unsrer Karten:
„Ja, wer es wagt, muss wie gesagt,
Des Ends vier Monat warten.
Doch, wird dir mal die Zeit zu lang,
So üb' dich im Umschreiben;
Und, was die Gegenwart auch bringt,
Die ‚Zukunft' muss dir bleiben!"

---

[94] Fiat justitia pereat mundus: Lass die Welt untergehen.

Zum Murmeltier gelangten wir,
Das fest im Schlaf wir trafen;
Ich fragte es: „Wie kann man nur
So viel und lange schlafen?"
„Ach", sagte es, „ich bin durchaus
Nicht immer so gewesen,
Doch, denke dir, ich bin verdammt
Zum Jettchen Gebert-Lesen[95]!"

Ein italien´scher Dreibund-Hahn
Benahm sich wirklich höchst kommun;
Er schlängelte sich rückwärts an
Ein angelsäch´sches Suppenhuhn.

Und Russlands Bär sprach: „Lieber Gott,
Was euer Martin schreibt, ist fad;
Ich bin gewiss nicht so bankrott
Wie mancher Herr Regierungsrat!"

Ein Ochse aus Amerika,
Der wollte durch das Gitter boxen;
Doch ward er ruhig, als ich sagt´:
„Ich weiß, ihr habt die größten Ochsen!"

Beim deutschen Adler machten wir
Nicht weiter erst Etappe;
Er saß auf einem großen Block,
Doch schien der mir von Pappe.

Der Storch schrie uns erst wütend an
Und suchte dann das Weite;

---

[95] *Jettchen Gebert*: Roman von Georg Hermann, der im Berlin der Jahre 1839/40 spielt und ein Bild des liberalen Geistes dieser Zeit in einer jüdischen Familie zeichnet.

„Durch eure Wedekinderei[96]
Steh' ich jetzt vor der Pleite!"

Und höhnisch sprach der Leu zu mir,
Der unverschämte Lümmel:
„Wenn du bist Gottes Ebenbild,
Dann pfeif' ich auf den Himmel!"

„Ihr Menschen", brüllte eine Kuh
Vom besten Rindvieh-Stamme,
„Ein Denkmal wünsche ich in Burg
Als erste Spreewalddamme!"

Ein frecher Spatz rief noch vom Baum:
„Ich grüß' Sie als ihr Diener!"
Da fühlt' ich schon den Gruß am Hut;
Es war halt ein Berliner.

Ein Holzbock, der sich fest schmarotzt
An einem Säugetiere,
Den fragten wir: „Was machst du dort?"
Er sprach: „Ich existiere!"

Voll stolz schlug sein Rad in der Sonne der Pfau,
Als wär' er der Zar aller Reußen[97];
Doch als wir ihn fragten, da schwieg er sehr schlau.
Ich glaube, er stammt nicht aus Preußen!

Ein Hammel rief uns blökend zu,
Als wir dem Käfig nahten:
„Ihr beide gebt zusammen selbst
Nicht einen Hammelbraten!

---

96 Frank Wedekind: ein deutscher Schriftsteller, Dramatiker, Dichter
und Schauspieler.
97 Reußen: alte deutsche Bezeichnung für die Rus, die Russen.

Was wäre ohne uns die Welt?
Es ist kaum auszumalen;
Und trotzdem übergeht man uns
Stets bei den Landtagswahlen!"

Zwei Ochsen und ein Eselpaar
Dem Hammel Beifall zollten;
Sie brüllten wütend im Quartett:
„Wir könnten, wenn wir wollten!"
Doch als der Wärter kam heran
Mit ihrem Mittagessen,
Da schwiegen sie auf einmal still,
Drum gebt dem Vieh zu fressen!

Ein Lama, das sich einst versucht
Satirisch, höchst verwegen,
Das spuckte mich von hinten an:
So sind die Herrn Kollegen!

Ein Schwanenpaar am großen Teich
Mit vier ganz jungen Rangen
Kam majestätisch stolz herbei,
Uns gnädigst zu empfangen:
„Nie möcht´ ich Mensch sein", sprach der Schwan,
„Ihr kennt ja keine Treue;
Bei euch ist fast dasselbe Wort:
Die Ehre und die Reue.
Trotzdem ihr eidlich euer Ja
Meist zweimal habt gesprochen,
Ist hier fast jede Bank am Teich
Vom Ehebruch gebrochen."

Es sprach ein fetter Papagei,
Hastdunichtgesehn,
Behaglich schmunzelnd faden Brei;
Hastdunichtgesehn,

Es kam uns furchtbar albern vor,
Hastdunichtgesehn,
Er aber hielt es für Humor!
Hastdunichtgesehn,

Wir hörten noch ein Zwiegespräch,
Das führten zwei Kamele.
Das eine sprach: „Die Menschen sind
Nur Affen ohne Seele!"
Das andre sprach: „Du gehst zu weit;
Ich sagte dir's schon gestern;
Wozu musst du denn jedes Mal
Den edlen Affen lästern?"

„Guten Tag, Mensch", sprach der Hamster,
„Wem verdank' ich diese Ehre?
Du erlaubst doch, dass zuvörderst
Ich mich mal bei dir beschwere.
Andere lässt du schwer sich quälen,
Du gebor'ner Leuteschinder,
Dass du sorgenfrei kannst leben,
Du, dein Kind und Kindeskinder.
Doch, wenn ich durch eigne Arbeit
Mir im Herbst mein Haus bestelle,
Nur um Hungers nicht zu sterben,
Bin ich Raub- und Diebesgeselle.
Nennt ihr das gerecht, ihr Menschen,
Die der gleiche Gott erschaffen?"
„Quatsch nich, Krause!" sagt' ich freundlich,
Und ging weiter mit dem Affen.

Bei den Menschen im Zoo

Zwei Uhr hat es schon geschlagen,
Seine Rechte knurrt der Magen,
Den wir schnell zur Ruhe bringen

Durch Kot'letts mit Pfefferlingen
Und mit Weißbier angemessen,
Dort, wo Rechnungsräte essen,
Die meist sparen die Getränke,
In des Gartens bill'ger Schenke,
Die im Busch ist tief versteckt,
Dass kein Fremder sie entdeckt.
Ich tat's meines Affen wegen,
Um kein Aufsehn zu erregen,
Was ich über alles hasse,
Bei den Kellnern der Terrasse,
Die bedienten uns zur Nacht,
Die wir seither durchgewacht.

Nach dem Essen müde sank
Schim auf eine Gartenbank,
Schlief in voller Unschuld ein,
Und ich kann da nicht so sein,
Ich schlief gleichfalls einen Schnitt,
Denn ich schlafe immer mit.
Gegen fünf sind wir erwacht:
Da, des Schicksals Niedertracht,
Seh' ich Fräulein Else gehen,
Es erlahmen Herz und Zehen,
Und ich bin wie festgebannt
An den Affenleutenant.
Sie kommt näher, immer näher,
Und als wenn der Schulvorsteher
Sich dem Missetäter naht,
Also fühl' ich akkurat,
Weil ich hier bei dieser Hitze
Schlafend mit dem Affen sitze.
In die Erde möchte' ich sinken,
Eide schwören, nie zu trinken
Wieder abends so viel Sekt,
Und wenn er noch besser schmeckt;

Da biegt sie, o sel'ges Glück,
Und im letzten Augenblick,
Ohne dass sie mich gesehen,
Um dem Ausgang zuzugehen.
So, denk' ich, drum ist mein Warten
Nutzlos im Zoolog'schen Garten
Mit drei dunkelroten Rosen,
Sehnsuchtsschmerzen, grenzenlosen,
Liebes- und auch andern Schwüren
Vor des Affenkäfigs Türen,
Weil Sie es für besser finden
Gegen fünf schon zu verschwinden!
Nie im Leben schreib ich wieder
Schwarzgelockte Liebeslieder;
Nie lauf' ich zwei volle Stunden,
Um die Stiefel abzurunden
Mit drei Rosen und zwei Beinen
Zu ersehnten Stelldicheinen,
Wenn die Sehnsucht, die mich frisst,
Nur auf meiner Seite ist.

Denn die Sehnsucht ist des Lebens
Stimmungsvollste Melodie;
Doch, was nützt die schönste Sehnsucht
Mit dem Rücken vis-à-vis!

Da wir Kaffeedurst verspürten,
Schim, mein Affe, und mein Ich,
Gingen wir zur Promenade,
Zoologisch: Lästerstrich!
Eine Riesenmenschenschlange,
Die sich selbst von hinten biss,
Kroch und kam doch nie vom Platze,
Dieses Aussichtshindernis!
Schim in froher Affenlaune
Lachte über manches Glied

Dieser Menschenserpentine,
Die an uns vorüberzieht:
„Sieh nur jenen Seehund drüben",
Flüsterte er mir ins Ohr,
„Mit dem Fenster links im Auge!"
„Schim, schweig' still, der war Major!"
„Und die aufgeputzte Pute,
Die in frischen Farben glüht,
Scheinbar hat sich ihre Mutter
Vierzig Jahr mit ihr verfrüht!"
Eben geht an uns vorüber
Ein kokettes Schwesternpaar,
Sinnlichkeit in frechen Augen
Und dabei kaum sechzehn Jahr.
Eine schlank, die andre voller,
Beide Dirnen ohne Not:
„Seid ihr Männer", sprach der Affe,
„Schlagt doch solch Gesindel tot!"
Auf zwei schlecht gestellten Beinen
Kommt ein Nashorn angewalzt:
„Sage mir", sprach Schim mit Staunen,
„Wird das nicht bald eingefalzt?"
Vier schon angejahrte Gänse
Schnattern laut am Nebentisch:
Ach, die Liebe, nur die Liebe,
Hält die Herzen jugendfrisch!
„Ja", sprach Schim, „allein die Liebe
Uns die ew'ge Jugend gibt;
Ach wie schade, dass ihr Viere
Immer nur vorbeigeliebt!"
Rechts von uns ein Tisch Studenten,
Bunt bebändert und bemützt;
Jeder trinkt und spricht dasselbe,
Jeder löffelt sich und schwitzt;
Jeder reißt beim Gruß die Mütze
Wie ein Automat vom Haupt,

Und bewegt sich und beträgt sich,
Hölzern, linkisch und geschraubt.
„Wenn ich jene dort betrachte",
Sagte Schim mit frohem Sinn,
„Dank ich meinem Herrn und Schöpfer,
Dass ich ‚nur' ein Affe bin!"

Auf der Promenade
Wogt es hin und her,
Teilweis seh´ ich Christen
Keine seh´ ich mehr.
Eben fragt ein Fräulein:
„Ach, gestatten Sie!"
Und nimmt Platz am Tische
Ohne Prüderie.
Sie war jung an Jahren,
Ziemlich hübsch und schick,
Aber am Äquator
Doch etwas zu dick.
Trotzdem wollt´ ich sagen,
Wie das bei mir Brauch:
„Fräulein, hier ist´s reizend,
Finden Sie nicht auch?"
Als zwei ält´re Damen
Lächelnden Gesichts
Hin zu ihr sich setzten, - - -
Freundlich sagt´ ich nichts.
Und das war auch besser,
Denn, wie ich gleich sah,
Sagt´ sie zu der einen:
„Bist du da, Mama?"
Darauf zu der andern:
„Es ist unerhört,
Wie das Auf- und Abgeh´n
Dieser Leute stört!"
„Seh´n Sie doch mal dorthin,

Die da, kenn´n Sie die?
Sarah Levy heisst sie,
Und der vis-à-vis,
Na, sie nennt ihn Vetter,
Doch, man kennt das ja,
Der kann mir nur leid tun!"
„Du, ganz links, Mama!
Dort die Siebzehnjähr´ge
In dem kurzen Kleid,
War ein Jahr verreist jetzt,
`s war auch höchste Zeit!"
„Aber, liebste Martha",
Mutter tadelnd spricht
Mit mokantem Lächeln:
„So was sagt man nicht!"
„Kennen Sie die Dunk´le?
Sie heißt Silberstein,
Und man sagt, ihr Gatte
Soll im Zuchthaus sein!"
„Scheinbar geht´s den Lehmanns
Wieder leidlich gut,
Denn die alte Schachtel
Trägt ´nen neuen Hut!"
„Ekelhaft, die Blonde,
Wie die kokettiert;
Der dort im Zylinder,
Ist der Kerl blasiert!"
„Ist das nicht die Meyern,
Die in Rot und Weiß?
Sie geht mit ´nem Leutnant;
Ob ihr Mann das weiß?"
„Dass der die genommen,
Ist ´ne Sünd´ und Schand´,
Die war schon als Mädel
Für so ´was bekannt!"

Mir ward ungemütlich
An dem gift'gen Ort:
„Kellner", rief ich, „zahlen!"
Und ging schleunigst fort,
Links am Arm den Affen,
Der mich staunend fragt:
„Lieber Homo sapiens,
Was hat die gesagt?"

„Mein lieber Schim, das kannst du nicht verstehn;
Sie hat verleumdet jene Leute nur!"
„Doch warum ließest du denn das geschehn?"
„Mich geht's nichts an, und ihr ist es Natur!"
„Und kommt das oftmals bei euch Menschen vor?"
„Unendlich oft, es wird sogar zum Sport,
Verleumde nur, dann leiht man dir sein Ohr
Und trägt das Schlangengift von Ort zu Ort!"
„Nun erst begreif ich, dass ein Gott mich warnte,
Als ich ihn flehend um die Sprache bat;
Denn wenn bei uns auch Neid manch Herz umgarnte,
Ist die Verleumdung uns doch nie genaht,
Schon fang' ich an, euch Menschen zu bedauern,
Die ihr in Worten sinnlos Gift verspritzt,
Ich fange an, mich vor dem Wort zu schauern,
Das viel mehr Schaden bringt, als dass es nützt!"

Kopf an Kopf vor der Kapelle
Steht die Masse fest blockiert;
Niemand rührt sich von der Stelle,
Denn Przywarskie dirigiert;
Und der ist hier Trumpf im Garten,
Manches Herz brennt lichterloh
Und kann kaum den Tag erwarten,
Wo der Przy ist hier im Zoo.
Drangvoll fürchterlich die Enge,
Als der letzte Ton verklingt,

Wogt es langsam in der Menge,
Und der Menschenknäul zerspringt.

Im Zirkus Schumann

Schleunigst wir zum Ausgang laufen,
Wo ein Auto fauchend winkt,
Das uns, ohne zu verschnaufen,
Hin zum Zirkus Schumann bringt.
Loge haben wir genommen,
Gleich die erste, links der Tür,
Da wir erst nach acht gekommen,
War man schon bei Nr. 4,
Die sich nahte ihrem Ende,
Reicher Beifall dann erscholl,
Und beglückt durch tausend Hände
Dankte August seelenvoll.
Hohe Schule soll jetzt reiten
Des Direktors Töchterlein:
„Schim, mach keine Blödigkeiten!"
Denn schon reitet sie herein.
Fast verwachsen mit dem Braunen,
Alles wie aus einem Guss;
Schim kommt gar nicht aus dem Staunen,
Und ich schwelge im Genuss.
Wie ein Bild aus Märchenlande:
Königstochter, hoch zu Ross,
Reitet sie auf eignem Sande
Stolz in ihres Vaters Schloss.
Jeder Zoll die wahre Dame
Und die echte Künstlerin,
Dora Schumann ist ihr Name,
Edler Reitkunst Königin.
Kraft und Grazie sich verbanden
Mit der Schönheit und dem Schick,
Und da sie die Jugend fanden,

Wurde leicht ein Meisterstück.
Und das Vollblut, voller Würde,
Doch geschmeidig und so flink,
Trägt mit stolz die süße Bürde
Und versteht den kleinsten Wink;
Sicher fühlt es sich erhaben
Über alle Gäule dort,
Denn im span'schen Tritt und Traben
Hält es längst den Hausrekord.
Laute Bravorufe schallen,
Fräulein Dora dankt scharmant
Und lässt auf die Knie fallen,
Ihren Liebling, elegant,
Als der Schim, wie eine Katze,
Hingerissen vom Affekt
Springt in einem Riesensatze
In den Zirkusring direkt
Und kniet mit dem Pferde nieder,
Legt die Rechte an das Herz,
Und die Augen treu und bieder
Hebt er schmachtend himmelwärts.
Blitzschnell bin ich hingelaufen,
Um den Affen fortzuzieh'n,
Doch der wollte mit mir raufen,
Und die Leute lachend schrien;
Als ein Dutzend fester Hände
Mich an allen Gliedern packt,
Dass ich glaubte, ich verende
Und mein Rückgrat mehrfach knackt:
„Frechheit", schrie ich, „losgelassen!
Hilfe, Schutzmann, ich werd' grob;
Ich will nur den Grafen fassen!"
Aber raus ging's im Galopp;
„Herr Inspektor, Herr Direktor!"
Schrie erschütternd ich das Mark,
„Seien Sie doch mein Protektor,

Denn die Kerle sind zu stark!
Meinen Grafen her, ihr Laffen!"
„Was ist los, Potzelement?"
„Ach, der Mann hat einen Affen,
Weiter nichts, Herr Inspizient!"
„Lächerlich, ich angetrunken?
Her mit dem Beschwerdebuch!
Meinen Grafen, ihr Halunken,
Sonst trifft euch des Sängers Fluch!"
Da, mit einem Riesenschwunge
Wirft man mich in einen Raum,
Und ich beiß mir auf die Zunge
Und schieß zweimal Purzelbaum.

Zu Hause!

Tiefschwarz war es im Gefängnis,
Und ich schrie noch, wild empört;
Aber, es war mein Verhängnis,
Niemand hat mein Schrei'n gehört.
Gott sei Dank, in meiner Weste
Hab' ein Streichholz ich entdeckt;
Ich entzünd' es im Arreste
Und bin bis zum Tod erschreckt,
Als ich hier in meinem Zimmer
Zu den Füßen meines Betts,
Finde meines Daseins Trümmer
Wider Sitte und Gesetz.
Aus dem Bett bin ich geflogen,
Und mir ist ganz wirr im Kopf,
Fühl' am Haare mich gezogen,
Das geflochten scheint zum Zopf.
Meine Augen blicken kleiner
Als wie sonst schon in die Welt,
Und im Hirn ein ganz gemeiner
Drehwurm mir die Lust vergällt.

Dabei bin ich angezogen,
Selbst der Stiefel sitzt am Fuß,
Nur der Kragen ist verbogen
Und der Magen ist konfus.
Heringsartig ist sein Sehnen
Und nach oben hin sein Drang,
Mir erschwerend so das Stöhnen
Und auch den Gedankengang.
Mich erhebend, fühl' ich Schmerzen
Außerdem noch überall,
Und als ich entzünd' die Kerzen,
Zu ergründen diesen Fall,
Find ich nirgends meinen Affen,
Dafür aber macht im Bett
Sich ein Kater frech zu schaffen
Und schnurrt mit sich selbst Duett.
Schnell entkleid' ich mich zur Brause,
Und ein Wasserfall, eiskalt,
Stürzt hernieder mit Gesause
Über mich und dergestalt,
Dass ein Strahl sich bricht am Kopfe
Und den Kater so benässt,
Dass er selbst sich nimmt beim Schopfe
Und mich wie ein Geist verlässt.

Langsam kehrt das Dasein wieder;
Sinnend sitz' ich beim Kaffee;
Wärme jagt er durch die Glieder,
Und der Kopf tut wen'ger weg.
Langsam fang' ich an zu denken;
Was war Wahrheit, was war Traum?
Doch noch scheint mir zu beschränken
Etwas meines Denkens Raum.
Schnell greif' ich zur Zigarette:
„Hm, das duftet, das tut wohl!"
Und der Rauch der violette,

Steigt nach oben als Symbol.
Immer klarer wird's im Haupte:
Mit dem Grafen warest du
Doch im Zoo, allwo dir raubte
Else deine Herzensruh.
Scheinbar haben wir genossen
Etwas mehr Sekt, als uns gut;
Und dann haben wir beschlossen,
Das weiß ich jetzt absolut,
Uns den Affen anzusehen;
Dabei zog der Graf sich aus,
Das ist zweifellos geschehen.
Darauf ging ich aus dem Haus,
Wo der Graf sich legte schlafen,
Und sofort auch aus dem Zoo
Mit dem Affen ohne Grafen,
Ja, das war ganz sicher so.
Drum ist klar auf alle Fälle,
Ist das Faktum auch sehr trist,
Dass in der Affenzelle
Mein Graf Schim von Panse ist!

Armer Zoo, du hast verloren
Durch den Tausch mehr, als du weißt,
Ist der Graf auch hochgeboren,
Hatte doch der Affe Geist!

TEIL V – BERLIN UND DER BERLINER

Der Berliner

Schlau und gerissen ist fürwahr
Der Durchschnitts-Spree-Athener,
Drum denkt er, dass in dieser Welt
Ihm absolut kann „Keener!"
Zwar meist ist das, was er gelernt,
Nur Sekundaner-Wissen,
Vorausgesetzt, dass er nicht gar
Ward vorher rausgeschmissen,
Doch das, was ihm am Wissen fehlt,
Ersetzt sein großes Messer,
Und wenn er noch so wenig weiß,
Stets weiß er alles besser.
Der Rücksicht und der Höflichkeit
Entflieht er in der Regel,
Ob Arbeiter, ob Upper ten,
Es überwiegt der Flegel.
Erzählst du ihm ´ne Neuigkeit,
So kennt er sie seit Tagen,
Selbst wenn die Sache sich vielleicht
Erst heute zugetragen.
Fürst Bismarck war sein bester Freund,
Und als er war in Spanien,
Da röstete die Königin
Ihm täglich die Kastanien.
Mit Bülow[98] steht er sich nicht gut,
Sie haben sich verfeindet,
Doch wenn der Fürst noch vor ihm stirbt,
War er ihm eng befreundet.
Sein Urteil bildet er sich stets
Nach seiner Morgen-Zeitung,
Er schwört auf Mosse, Ullstein, Scherl,

---

[98] Bernhard Heinrich Martin Karl von Bülow, ab 1899 Graf, ab 1905 Fürst von Bülow: ein deutscher Politiker und Staatsmann.

Entsprechend der Verbreitung;
Und wenn sein Blatt auf England schimpft,
So schimpft er noch viel toller,
Und schwenken Ullstein, Mosse, Schwerl,
Kriegt er den Liebeskoller.
Und dabei ist der gute Mann
Im besten Fall Trebbiner,
Denn, wenn er hier geboren ist,
Ist er oft kein Berliner.

Premieren-Tiger

Elegante, wilde Bestien,
Die zumeist im Westen hausen,
Tout Berlin voll Stolz sich nennen
Die modernen Kunstbanausen.
Tout Berlin, es ist zum Lachen,
Diese geist′gen Menschenfresser
Schneiden das als W-Berliner
Doch mit allzu großem Messer.
Kaum zweitausend wird man zählen,
Die sich um die Ehre reißen,
Als Premieren-Mode-Fatzken
Geisteskinder tot zu beißen;
Die allein zu diesem Zwecke
Premieren stets besuchen,
Um zu pfeifen, zischen, trampeln,
Und, statt zu bezahlen, fluchen.
Zehn Minuten vor halb achte
Sieht das Haus schon ganz gefüllt man,
Und die Miene eines jeden
Zeigt das Raubtier unverhüllt an.
Überall ein Nicken, Grüßen:
„Sieh, da ist die Mayern wieder
In dem Kleid vom letzten Winter!"
„Kennst du dort die beiden Brüder?"
„Faule Jungen alle beide,
Aber überall zu seh′n!"
„Wollen wir dann in die Traube,
Oder zu Kempinski geh′n?"
„Lübbenauer ist der Autor!"
„Schon faul, saure Gurkengegend!"
„Sudermann[99] ist doch der Größte,

---

[99] Hermann Sudermann: ein deutscher Schriftsteller und Bühnenautor.

Jedenfalls ist er vermögend!"
Oskar Wilde und Friedrich Nietzsche
Lese ich jetzt alle Tage!"
„Sahen Sie die Duse[100] gestern?"
„Aber Konsul, welche Frage!"
Es wird dunkel, Klingelzeichen.
„Setzen!" „Ruhig!" „Sie erlauben?"
„Sitzen bleiben, Donnerwetter!"
„Es ist wirklich nicht zu glauben!"
„Mittelding von Charleys Tante
Und von Wagners Parzival!"
„Quatsch mit Sauce!" „Das war Claque[101],
Diese Bande überall!"
„Viel zu lang!" „Ich kann nicht lachen!"
„Dass man das zu bieten wagt!"
„Mir gefällt's bis jetzt so leidlich!"
„Das hat Ibsen schon gesagt!"

Nach dem Aktschluss etwas Beifall.
Jetzt will man den Autor seh'n,
Denn das Stück hat ja drei Akte
Und muss langsam untergeh'n.
Er erscheint, verneigt sich dankend:
„Kinder, seht die Stiebel an,
Allerneu'ste Mode Spreewald,
Und die Hosen von dem Mann!"
Zweiter Akt, danach die Pause;
Überall geschicktes Fragen,
Denn kaum Einer unter Hundert
Weiß was Eigenes zu sagen;

---

[100] Eleonora Giulia Amalia Duse: eine italienische Schauspielerin.
[101] Ein Claqueur (frz. claquer ‚klatschen') bezeichnet eine Person, die bei einem Theaterstück oder einer anderen öffentlichen Aufführung bezahlten Applaus liefert. Zweck des Claqueurs ist es, das Publikum zum Applaudieren zu bewegen. Die Gesamtheit der Claqueure in einem Theater wird „die Claque" genannt.

Da die Handlung unverständlich,
Muss man doppelt auf der Hut sein,
Denn vielleicht g'rad aus dem Grunde
Könnte ja die Arbeit gut sein.

Dritter Akt, fatale Sache; - - -
Soll man wirklich applaudieren?
Lieber möchte man natürlich
Jetzt durch Zischen opponieren.
Da geht schon der Vorhang nieder,
Und die Claque voller Mut ist,
Ungewiss geht man von dannen,
Ob das Stück schlecht oder gut ist.
Schließlich sitzt man bei Kempinski,
Seinen Zweifel dort begrabend,
Nicht gezischt und nicht gepfiffen,
Resümee: „Verlor'ner Abend!"

Ander'n Tag's liest man die Blätter,
Die den Autor stein'gen wollen,
Und der Levy spricht zu Sarah:
„Siehst de, mer hätt' zischen sollen!"

♠

Französische Gäste in Berlin

Kommen mal französ´sche Gäste
Nach der Kaiserstadt Berlin,
Seh´n sie in den meisten Fällen
Herrlich ihren Weizen blüh´n.
Selbstverständlich muss man zeigen,
Wenn man halbwegs nur ist „wer",
Dass man in der Schule lernte:
Père heißt Vater, Mutter mère.
Diese Schwäche auszunutzen
Kam zunächst Madame Judie,
Tout Berlin war im Theater,
Und mit echtem Kennerblick
Fanden alle, dass in Deutschland
Keine reicht an sie heran,
Der Esprit und die Finessen,
Und besonders der Elan!
Na, und nun erst gar die Guilbert,
„Voyez les gants noirs![102]"
Rote Haare, grüne Augen,
„Quel plaisir tous les soirs![103]"
Ganze Truppen folgten baldigst
Auszunutzen diesen Sport,
Und man lachte, weinte, klatschte,
Doch verstand dabei kein Wort;
Lief im Zwischenakt nach Hause,
Weil man glaubt´, das Stück sei aus,
Und stets an der falschen Stelle
Klatschte wütend man Applaus.

Ja, solange der Berliner
Übt mit etwas Recht Kritik,

---

[102] Voyez les gants noirs! = Siehe die schwarzen Handschuhe!
[103] Quel plaisir tous les soirs! = Was für ein Genuss jeden Abend!

Reißt er alles gern herunter,
Aber in dem Augenblick,
Wo sein Können ist zu Ende,
Betet er bewundernd an,
Denn ihm kann nur imponieren,
Was er nicht verstehen kann!

Bei Kempinski

Hat der Berliner sechs Mark fünfzig
Und geht mit einer Dame aus,
So nimmt er davon fünfzig Pfennig
Und kauft ihr einen Blumenstrauß.
Ganz überrascht sagt sie: „Ich danke!"
Denn sie ist nicht verwöhnt darin,
Dann führt er sie mit Rothschild-Miene
Zum Restaurant Kempinski hin;
Denn erstens ist es da sehr billig,
Und zweitens ist das Essen schön,
Und drittens sieht man auch Bekannte,
Und viertens wird man dort geseh'n.
Besonders aus dem letzer'n Grunde
Geht man in dieses Bienenhaus,
Denn ein Berliner mit zwei Talern
Gibt sie nicht ungesehen aus.

Zunächst sucht man nun zehn Minuten
Nach einem Tisch, der unbesetzt;
Natürlich ist der nicht zu finden,
Und man ist froh zu guter Letzt,
Wenn man an einem Tisch für viere
Als drittes Paar wird eingezwängt,
Man sieht, geht er erst zu Kempinski,
Wird der Berliner selbst beschränkt.
Man sitzt nun da, ein Summen, Murmeln
Durchschwirrt die dicke Gasthausluft,
Teils riecht's nach Speisen, teils nach Menschen
Und teils nach Rauch und ander'm Duft.
Die Kellner, schwerbeladen, schwitzen,
Im Gange neue Gäste steh'n,
Obwohl kein einz'ger Stuhl mehr frei ist,
Doch könnte g'rade jemand geh'n.
Das Publikum, vier Fünftel Juden,

Ein Fünftel Christen, mehr wohl nie,
Dabei ein gut Teil Offiziere,
Doch meist nur Train[104] und Infant'rie;
Das ist stets in Berlin die Mischung,
Die gern für wenig viel erhält,
Und deshalb ist ja auch Kempinski
Volksküche für die bess're Welt.

Man isst zunächst zwei Erbsensuppen,
Bestellt 'ne Mosel: „Leicht, ganz leicht!"
Das heißt: den billigsten der Karte;
Die Zeche hat zwei Mark erreicht.
Jetzt ein Filet, dazu zwei Teller;
„Wir essen dann was and'res noch!"
Das and're wird ein Schweizerkäse,
Er isst den Käse, sie das Loch.
Die Zeche macht drei fünfundfünfzig,
Mit Trinkgeld zwanzig Pfennig mehr,
Denn bei Kempinski ist man nobel,
Sonst gäb' man fünfe weniger.

Nun nimmt man einen Taxameter
Und fährt die Dame stolz nach Haus,
Man hat ja noch zwei fünfundzwanzig,
Und außerdem sieht's fürstlich aus.
Beim Abschied sagt sie gleichfalls: „Danke!"
Denn sie ist nicht verwöhnt darin,
Und hat er wieder sechs Mark fünfzig,
Geht's wieder zu Kempinski hin.
Denn erstens ist es da sehr billig,
Und zweitens ist das Essen schön,
Und drittens sieht man auch Bekannte,

---

[104] Train: in der deutschen und französischen Militärsprache zwischen dem 18. und dem frühen 20. Jahrhundert die Bezeichnung für das militärische Transportwesen.

Und viertens wird man dort geseh´n.

Im Zoologischen Garten

W. Berlin, Zoolog'scher Garten,
Prima jüd'sche Kolonie,
Juden in den Nebenhäusern
Oben, unten, vis-à-vis;
Nur die Kaiser-Wilhelm-Kirche
Ist noch christlich momentan,
Doch kein Mensch kann heute wissen,
Was noch einmal werden kann.

Der Zoolog'sche Garten selber
Ist drum, weil er liegt bequem,
So ein Stückchen Vogelwiese
Dort für Neu-Jerusalem.
Nirgends sieht man eine Stätte
So mit Juden angefüllt,
Und geht wirklich mal ein Christ hin,
Werden alle Tiere wild.
Hunde bellen, Löwen brüllen,
Selbst das Nilpferd wird ganz scheu,
Und der Seehund schreit verwundert:
„Wärter, ist das nicht e' Goy[105]!"

Dabei aber, Recht was Recht ist,
Nirgends sieht man irgendwo
Soviel schöne Frau'n und Mädchen
In Berlin, wie hier im Zoo.
Elegant, wie die Französin,
Lebhaft, wie die Wienerin,
Überragt die Zoo-Semitin
Endlos die Berlinerin.
Sie ist schön, graziös und rassig,

---

[105] Goy: ein auch im Deutschen verwendetes jiddisches Wort, das einen Nichtjuden bezeichnet.

Schick und überhaupt und so,
Glaubst du's nicht, geh' in die Zelten
Und danach geh' in den Zoo.
Bist du dann nicht meiner Meinung,
Ist mir dieses höchst egal,
Denn ich schwärm' für Sekt und Austern,
Du vielleicht für Bier und Aal!
Zugegeben sei natürlich,
Dass auch teilweis' in Berlin
In den rein german'schen Kreisen
Holde Frau'n und Mädchen blühn,
Aber meist ist beim Germanen
Schöner als das Weib der Mann,
Wie man das an Eugen Richter[106]
Und am Wurstmax[107] sehen kann;
Während beim Semiten-Volke
Immer schöner ist das Weib,
Zarte Hände, kleine Füße,
Volle Glieder, schlanker Leib;
Feuchter Glanz in prächt'gen Augen
Und die Haut so blütenweiß,
Dunkles Haar und feine Züge,
Purpurlippen, fieberheiß.
Selig, wer von diesen Lippen
Voller Wollust Küsse trinkt,
Wer zum Preise solcher Augen
Wilde Liebeslieder singt!

Aber diese weichen Lippen
Jener schönen Sphinxe dort
Bergen eine spitze Zunge,

---

[106] Eugen Richter: ein deutscher Politiker (Deutsche Fortschrittspartei, Deutsche Freisinnige Partei, Freisinnige Volkspartei) und Publizist in der Zeit des Deutschen Kaiserreichs.
[107] Wurstmaxe: Berliner Original.

Und ein Dolch ist jedes Wort;
Jeder wird damit zerstückelt,
Der im Zoo sich sehen lässt,
Denn am Nachmittag und Abend
Ist dort Schlacht- und Lästerfest.
Und wenn Worte töten könnten,
Gäb' es alle Tage dort
Bei Kaffee, Musik und Kuchen
Einen großen Massenmord.

Weiber werden zu Hyänen,
Sagt von Schiller irgendwo,
Doch der Herr Kollege kannte
Frau'n und Tiere nicht im Zoo,
Sonst hätt' er nicht so beleidigt
Dieses gute Wüstentier,
Das den Lebenden in Ruh' lässt,
Ganz im Gegensatz zu hier.
Deshalb, Fremdling, lass dir raten,
Spare deine Mark Entree,
Meid den Zoolog'schen Garten,
Fahr hinaus nach Halensee;
Dort gibt's auch ganz nette Sphinxe,
Sind sie auch nicht ganz so schön,
Wirst mir für den Rat noch danken
Abends beim „zu Bette geh'n!"

♠

Die Kunstausstellung

Eine mächtig große Halle
Voll bemalter Leinewand,
Angenehm oft unterbrochen
Durch der Bilder breiten Rand;
Ab und zu vor einem Bilde
Sieht man einen Menschen steh´n,
Dass ihn die Provinz geboren,
Kann man an den „Stiebeln" seh´n.
Totenstille herrscht im Kreise,
Der ist meist hier ein Quadrat,
Schleichend eine alte Jungfer
Dem Apoll von hinten naht.
Und nur flüsternd kritisieren
Kenner hier des Künstlers Werk,
Die sonst künstlich Schweine mästen
Vor und hinter Oderberg.
Aber draußen, vor der Halle,
Wo die Garde musiziert,
Wo die warmen Wiener brodeln
Und kein Bild den Blick geniert,
Da ist Fülle, da ist Leben,
Nicht ein einz´ger Stuhl ist leer,
Und es drängen Menschenmassen
Promenierend hin und her.
Doch beileibe nicht Provinzler;
„Offiziere in Zivil",
„Hausvogteiplatz[108]-Kavaliere",
Auch „Studenten" sieht man viel.
Dann die Damen! Samt und Seide,
Spitzen, Federn, Pelz und Lack,

---

[108] Hausvogteiplatz liegt im Berliner Bezirk Mitte. Im 19. und beginnenden 20. Jahrhundert gewann er überregionale Bedeutung als Zentrum der Berliner Konfektion.

Patchouli und Taits-Brillanten,
Leichners[109] Puder und Geschmack.
Und der Ton in diesen Kreisen!
Café National und Keck;
Ungeniert hört man hier feilschen
Um des Daseins letzten Zweck.

Offizielle Laster-Börse,
„Friedrichstraße nachts!" in grün,
Amtlich aber ist's benamset:
Kunstausstellung in Berlin!

---

[109] Leichner: Berliner Schminke- und Parfümfabrik.

Das Metropole-Theater

Berlin wird nie und nimmer werden
Die allerschönste Stadt der Welt,
Denn hierzu fehlen dem Berliner
Teils der Geschmack, und teils das Geld.
Drum wird Berlin auch nie erreichen
Paris in künstlerischem Sinn,
So wenig wie Berliner Frauen
Erreichen die Pariserin.
Dort geht das Wollen mit dem Können
Harmonisch immer Hand in Hand,
Hier herrschen stets die Gegensätze,
Halb Marmor und halb Gipsverband.
Berlin macht deshalb stets den Eindruck
Wie ein zwar peinlich saub'rer Mann,
Der aber zu dem schwarzen Gehrock
Zieht hohe Wasserstiefel an.
So hat man eine gute Oper,
Jedoch ihr Heim spricht von Verfall,
Dagegen ist schon mehr als prächtig
Ein nah' geleg'ner Pferdestall;
Dafür hat's Metropole-Theater
In ganz Berlin das schönste Haus,
Doch geht der Vorhang in die Höhe,
Fällt man aus allen Himmeln raus.
Spielt man dortselbst doch schon seit Jahren
Dasselbe schauderhafte Stück,
Nur wird es jährlich neu benamset
Und um-gestohlen die Musik.
Ich will dir das Rezept verraten,
Wonach man dort seit Jahren braut,
Wie da wird neu in jedem Jahre
Der ält'ste Schlager aufgebaut.

Nimm 21 alte Witze,

Auf die schon Ben Akiba[110] schwur,

Erweit´re diese zu vier Akten,

Die lose sind verbunden nur,

Und lass den ganzen Blödsinn spielen

Dort, wo die Lebewelt verkehrt,

Weil da ein Typ wie Emil Thomas[111]

Mit keinem Haare hingehört.

Der ist nun stets der Provinziale,

Der abenteuert in Berlin,

Schablone Witzblatt Anno 60,

Couleur dieselbe, nur in grün.

Schreib´ nun ein Lied für Männerstimme,

Zwei, drei Couplets[112] und einen Chor,

So echt Berlin, das heißt recht schnoddrig

Und ohne ein Atom Humor;

Steck´ dann drei Dutzend Weiberbeine,

So Genre Begassches[113] Modell,

In 36 bunte Röhren,

Anliegend wie das eig´ne Fell,

Und lasse davon je zwei Beine

Dort, wo der Mensch im Dunkeln sitzt,

In einen Körper sich verlängern,

Der einen hohlen Schädel stützt,

Welch´ letzteren von vorne zieret

Zwei schöne Augen blendend Licht,

Wogegen auf der Schattenseite

Ein Meer von Haar die Haut durchbricht;

Lass diese Augen kokettieren

Nach links und rechts und vis-à-vis,

Und gib zum Schluss dem Schund ´nen Namen,

---

[110] Rabbi Akiba (50 n. Chr.), soll gesagt haben: „Alles schon mal dagewesen."

[111] Emil Thomas: ein deutscher Schauspieler und Theaterdirektor.

[112] Couplet: scherzhaft-satirisches Strophengedicht mit Kehrreim und meist aktuellem [politischem] oder pikantem Inhalt.

[113] Reinhold Begas: ein preußischer Bildhauer der Berliner Schule.

Wie „Don Juans", „Die tolle Nacht",
„Ein tolles Jahr", „Das Allerneuste",
„Berlin, wie's weint", „Berlin, wie's lacht",
Dann hast du das, was dies Theater
Dem Publikum zu bieten wagt
In Deutschlands stolzer Metropole,
Zu uns'rer Schande sei's gesagt.
So hoch steht heut' das Volk der „Denker",
Dass es selbst solche Kost goutiert,
Clownsspäße und Bordell-Usancen[114],
Gut aufgewärmt und durchgerührt,
Das kitzelt den verbrauchten Gaumen
Wie Käse, Marke Valentin,
„Drum hoch das Metropole-Theater,
Hoch schönste Stadt der Welt, Berlin!"

Und Thomas starb! – Ein Großer ging von dannen,
Der selbst im Tempel Baruchs groß noch blieb,
Seit Jahren seine Kunst prostituierend,
Der Not gehorchend, nicht dem eig'nen Trieb.
Und Thomas starb. – Es lebe Giampietro[115]!!
Als Künstler tüchtig, größer doch als Geck,
Mit missverstand'ner Eleganz gekleidet,
Sucht er im Gigerltum[116] den höchsten Zweck.
Aristokrat vom Scheitel bis zur Sohle,
Wie ihn ein Kellner sonntags gern markiert,
Im Leben mehr und auf der Bühne minder,
Weil er dort stets nur spricht, was man souffliert.
Doch fehlt auch jeder Grund sich so zu blähen,
Er ist ein Künstler und so viel zu gut,
Als Clown im Tingeltangel zu verflachen,

---

[114] Usance: Brauch, Gepflogenheit.
[115] Joseph Giampietro: ein österreichischer Schauspieler,
Operettensänger und Komiker.
[116] Gigerl: eitler, auf schicke Kleidung wert legender Mann.

Als fein'rer August im modernsten Hut.
Das sollt er lieber Bender[117] überlassen,
Wer Künstler ist, der hat auch Künstlerpflicht,
Jedoch Berliner Luft und Ideale!
Thomas ist selig, trotzdem glaubt' er's nicht.

♠

---

[117] Paul Bender: ein deutscher Opernsänger (Bass).

Die Cabaret-Seuche

Hast du nur einen Sommeranzug,
Trotzdem der Winter in der Näh',
Zerriss'ne Stiefel, nichts zu essen,
So gründe schnell ein Cabaret.
Zunächst suchst du 'nen Weinbudiker[118],
Der teils 'nen Saal hat, teils Kredit,
Und dem allein die Gäste fehlen,
Den fragst du höflich: „Tun Sie mit?"
Bist nun Baron du oder Wurstmax,
Bist Martens, Hickel oder gar
Ein and'rer, der nicht freigesprochen,
Ein Anwalt, der mal einer war,
Mit einem Wort, du heißt nicht g'rade
Nur Meier mit dem weichen ei,
So ist wohl in den meisten Fällen
Der Herr Budiker gleich dabei.

Jetzt kommt das Schwierigste der Gründung,
Denn du brauchst nötig fünfzehn Mark,
Dieweil dein Frack versetzt für sieben,
Auch ist dein Hunger mehr als stark;
Und schließlich am Eröffnungsabend
Ist selbst das Feinste nicht zu fein,
Man muss sich doch rasieren lassen,
Auch möchte man ein Vorhemd[119] leih'n.
Man einigt sich zuletzt auf zwölfe

---

[118] Budike: regional, vor allem im Berliner Raum, eine kleine Kneipe
oder ein als Trinkhalle dienender Kiosk.
[119] Vorhemd oder auch Hemdbrust: ein Kleidungsstück, welches um
die Jahrhundertwende (1900), aber auch bereits vorher getragen
wurde. Es besteht meist aus stoffüberzogenem Karton und wird
zwischen Weste und Hemd getragen und auf dem Rücken mit
Schnüren zusammengebunden.

Und zweimal freien Mittagstisch,
Den ersten isst man auf der Stelle,
Dann geht man an die Arbeit frisch.
Ein Freund, der dreimal stand im Satyr
Mit je zwei Zeilen Geistesblitz,
Muss stolz im Cabaret verkörpern
Der neuen Richtung Überwitz.
Ein and'rer, der sich einst in Sorau[120]
Einmal als junger Held versucht,
Wird schnell noch zum Premierenabend
Vermittelst Polizei gesucht.
Und Frau Direktor Else Schultze,
Des alten Schultze junge Frau,
Wird gratis an dem Abend tingeln,
Denn sie gehörte ja zum Bau.

Na, schließlich werden von den Gästen
Doch einige so eitel sein,
Auch Vortragsstücke loszulassen,
Man ladet deshalb mutig ein
Ins „Cabaret zur blinden Henne",
Weinzwang und eine Mark Entree,
Der Wein ist schlecht, doch nicht das Schlechtste,
Dafür ist man im Cabaret;
Das ist nicht da zum Amüsieren,
Das findet zu dem Zeck nur statt
Damit der „literar'sche Leiter"
'nen Frack und was zu essen hat.

---

[120] Sorau = Żary, Stadt in Polen.

Das Herrnfeld-Theater

Ihnen gesagt, auch e' Theater;
'ne Schmiere mitten in Berlin!
Zwei jüdisch-daitsche Klassiker,
Die importiert sind über Wien,
Sind Pächter dort und Direktoren,
Sie spielen täglich selber sich,
Zwei Jüden sind's vom reinsten Wasser,
Und leider keine Juden nich.

Sie schreiben sich die Stücke selber,
Zwar sagt man, Schammes[121] hilft dabei,
Na, wo drei solche Köche kochen,
Wird ungenießbar jeder Brei.
Man kann die besten Stoffe stehlen,
Hat man zum Schneiden kein Geschick,
Und fangen dreie an zu flicken,
Verhunzen sie ein jedes Stück.

Und das gelingt den drei Poeten,
Von denen zwei nicht fähig sind
Nur einen deutschen Satz zu sprechen:
Macht nix, is Brruderr nur gesünd,
Und finden sich genügend Dumme,
Den Jüdenschmarrn sich anzuseh'n,
Und edle deutsche Pressorgane,
Die um Annoncen betteln geh'n
Und diese Schweinchen-Direktoren,
Dies Jüden-Kunst-Proleten-Paar,
Für ihre Inserate loben;
„Nu, Kunststück, Herrnfelds zahlen bar!"

Das Publikum, so blöd wie immer,

---

[121] Schammes: ein Synagogendiener.

Fällt auf den faulen Zauber rein
Und freut sich diebisch, wenn auf Juden
Die Jüden schimpfen hundsgemein;
Wenn man den Juden macht zum Schurken,
Der sich vom falschen Eide nährt,
Und jeder Christ sich sagt behaglich:
„Ihr Juden seid einander wert!"
Doch ist solch' Herrnfeld gar kein Jude.
Jüd ist er, wie er leibt und spielt,
Der Jüd, der größte Feind des Juden,
Der dessen Ehre unterwühlt.
Doch gehen selbst Israeliten
In diesen Tempel daitscher Kunst,
Um dort zu sehen, wie die Juden
Dies Dichterfürsten-Paar verhunzt.

Wenn diese Inserat-Artisten
In Wichse machten, in Opal,
In alten Hosen oder Möbeln,
So wäre dieses höchst egal,
Doch an der eig'nen Rasse treiben
Prostitution für schnödes Geld,
Mit Hilfe feiler Pressorgane,
Was nied'ren Kreisen wohlgefällt,
Das müsste doch die meisten ekeln,
Sei man nun Jude oder Christ;
Doch, jeder geht in das Theater,
Das seines Geistes würdig ist!

♠

Thalia-Theater und Bellealliance-Theater
Direktion: Kren und Schönfeld

Ist schon im Metropol-Theater
Der Blödsinn Trumpf seit langer Zeit,
Mit Julius Freund[122] als geist'gen Vater,
Dem Schöpfer deutscher Lustigkeit,
So sorgt doch Schultz, des Hauses Lenker,
(Mit meist erlesenem Geschmack
Frei importiert ins Land der Denker
Vom Seine- oder Themse-Pack,
Die Namen sind ihm gar nicht wichtig)
Für Ausstattung im höchsten Stil,
Man ist im Blödsinn wirklich tüchtig,
Methode hat das kind'sche Spiel.
Der Großstadt würdig ist der Rahmen,
Es mangelt lediglich an Geist,
Doch glänzend ist das Fleisch der Damen
Und jener, die man Damen heißt.
Doch Kren und Schönfeld, wohl im Zwange
Des Wechsels, der die Welt regiert,
Die haben wirklich schon zu lange
Ihr Publikum nur molestiert.
Seit Jahren plumpe Witzeleien,
Nicht wert dorthin die Droschkenfahrt,
Nichts als Verkleidungskindereien,
Ein Affenzirkus schlimmster Art.
Leer ist des Geistes Portokasse,
Und Reichtum war da nie Usance,
Bei jenen in der Dresdner Straße
Und jetzt auch rue de Belle-Alliance.
Wie kann sie so herniederdrücken
Die feine Kunst, die in ihr lebt,
Ich seh' den Pleitegeier kreisen,

---

[122] Julius Freund: ein deutscher Unternehmer und Kunstsammler.

Schon längst bankrott ist diese Kunst,
Denn jede Stätte muss verwaisen,
Die nur geweiht ist blauem Dunst.
Wie kann da Thielscher und die Dora,
Wie kann Bodzena Bradsky gar
Denn Possen-Sodom und Gomorrha
Noch bieten ihre Künste dar?
Die ihr die Grazien zum Entzücken
In Herz und Seele eingewebt?
Wie kann ein denkender Berliner
Je ohne Murren seh'n den Schund?
Wohl kein Pariser oder Wiener,
Wohl niemand auf dem Erdenrund
Erlaubt es sich, auf teuren Plätzen
Für vier, fünf Mark, ganz ohne Scham,
Den besser'n Leuten vorzusetzen
Des Hampelmanntheaters Kram.
Wo anders pfiff man einfach nieder
Solch' alberne Hanswursterei,
Und ließ die Leiter treu und bieder
Im Stich als Künstler frank und frei.
Denn jeder Künstler muss sich sagen,
Der Künstlerstolz im Herzen führt,
Hier zieht er an dem Thespiswagen[123],
Der seine Kunst prostituiert.
Und niemand kann von ihm verlangen,
Dass er als Mitglied Nacht für Nacht,
Wenn auch kontraktlich eingefangen,
So seine Kunst zur Metze[124] macht.

Drum, werte Herren Direktoren,
Zieht von Thalia euch zurück,

---

[123] Thespis: einer der ersten griechischen Tragödiendichter, Theaterleiter und Schauspieler in Athen.
[124] Metze: veralteter Begriff für Prostituierte.

Talent ist leider angeboren,
Das ist für euch ein Missgeschick!
Steigt ab von eurem Postamente,
Sagt endlich jener Zeit ade,
Ihr habt Talent und auch Talente
Zur Not noch für ein Cabaret.
Dort blüht der Geist, der in euch wohnet,
Dort ist der Platz, der euch gebührt,
Der einz'ge Wechsel, der sich lohnet
Und den euch niemand protestiert.

Berliner Kaffeehaus-Typen

Die Künstlerin

Es ist die Künstlerin ein Typus,
Den täglich man im Café sieht,
Und lernt man sie persönlich kennen,
So ist es stets dasselbe Lied:
Sie war einmal zur Samft'schen Ära,
Glaubt man es willig ihrem Wort,
Am Alexanderplatz-Theater,
Und wäre auch noch heute dort,
Hätt' nicht das Polizei-Präsidium
Geschlossen dieses alte Haus.
So musste Samft mit seiner Schmiere
Und sie mit ihrem Ehrgeiz raus.
Inzwischen hat sie sich gewidmet
Mit Eifer stets dem Kunstgesang,
Zwar dauert das schon furchtbar lange,
Doch währt das Gute immer lang.
Natürlich trägt sie Samt und Seide,
Aus Gründen innerer Natur,
Und deckt den Mangel des Talentes
Durch eine herrliche Figur.
Meist spricht sie nur von ihrem Grafen,
Der augenblicklich Attaché
In Argentinien oder Chile;
Doch hast du sie im Separee,
So merkst du schon in zehn Minuten,
Wenn du ein Menschenkenner bist,
Sie ist wie jede and're Dirne,
Nur dass sie etwas teuer ist.

Der literarische Stammtisch

Täglich zwischen vier und fünfe
Wandern literar'sche Größen
Ins Café zu ihrem Stammtisch,
Um Probleme dort zu lösen;
Doch das Hauptproblem bleibt immer
Das voll tiefster Seelenqualen:
Wer wird wohl am Schluss der Sitzung
Meinen Kaffee heut' bezahlen?

Ach, die Sommerpaletöter
Sämtlich Hypotheken tragen,
Und den Winterüberzieher
Kennt man nur vom Hörensagen;
Und da tief es im November,
Ist die Weste unversetzbar,
Denn an kalten Herbstestagen
Ist solch' Kleidungsstück unschätzbar.

Heute sitzen acht am Stammtisch,
Achte tat der Kaffee laben,
8 x 30 deutsche Pfennig
Muss daher der Kellner haben.
Doch es haben alle achte,
Weil die Kurse sind gesunken,
Nicht zusammen 30 Pfennig,
Und der Kaffee ist getrunken.
Es wird sechse, es wird sieben,
Ungelöst noch das Problem ist,
Und der Kellner lässt schon fühlen,
Das als Gast man nicht genehm ist;
Denn drei Stunden und ein Kaffee,
Wie soll das Geschäft da blühen?
Ach, wenn dieser Kellner wüsste,
Wie so gern sie würden ziehen!

Jeder dachte, dass der and're
Sechzig Pfennig würde haben,
Deshalb auf Kredit getrunken
Hatte man des Wirtes Gaben;
Doch nicht einer von den achten
Ist nunmehr schon seit vier Tagen
Eine Zeile losgeworden.
Ist es auch schon zu ertragen,
Dass man ohne Mittagessen
Muss zwei Tage existieren,
Kaffee aber muss man trinken,
Um damit den Geist zu schmieren.
Das tat Bismarck, tat Voltaire auch,
Tun die Herrnfelds, tut die Duse,
Ergo tun es Stein, Weiß, Müller,
Schulz und Franz, Cohn und Markuse.

Doch da sieht man, 's ist halb achte,
Und die Not auf höchsten Höhen,
Spindlers Paul ins Café treten,
Den wir oft im Satyr sehen;
In der rechten Hand drei Blaue,
Die das Blatt gezahlt soeben.
Fünfzehn Mark, welch ein Vermögen!
Alles rief: „Der Paul soll leben!"

Selbstverständlich fand die Lösung
Jetzt das quälende Problem,
Ja es gab, wie in Romanen,
Abendessen außerdem.
Froh auf Satyrs Wohlergehen
Einen Salamander reiben
Jene literar'schen Größen,
Die da hungern, um zu schreiben.

Der Schieber

Er ist elegant gekleidet,
Fast wie ein echter Kavalier,
Nur sprechen darf man ihn nicht hören,
Denn er verwechselt mich und mir.
Und, was den echten Kavalieren
Ist Heringsdorf und dessen Näh´,
Ist jeder bied´ren Schieberseele
Die Sommerfrische Plötzensee[125].
Dort hat er prima Konnexionen,
Drum kehrt er oft dorthin zurück,
Wenn auch natürlich unfreiwillig,
Denn wer kann wider sein Geschick?

Er fühlt sich dann nur wohl im Café,
Wenn er erblickt Kollegen hier;
Gewöhnlich sitzt er etwas rückwärts,
Wenn möglich, bei der Seitentür.
Er tritt herein, wirft mit Grandezza
Das ewig neue Paar Glacé
Hin auf des Tisches Marmorplatte:
„Sie, Kellner", schnarrt er, „rasch Kaffee!"
Ruft „Pikkolo" beinahe gnädig,
„Bring´ mich doch mal den Rennbericht!"
Und hat er an dem Tag gewonnen,
So strahlt sein Galgenangesicht.
Doch andererseits schimpft er entsetzlich:
„Natürlich, wenn der Meyer pullt,
Dann kann die Ilse nicht gewinnen,
Der Lump allein ist daran schuld";
Nach der Lektüre spielt er Billard,
Und darin ist er Künstler meist,
Denn er spielt täglich drei, vier Stunden,

---

[125] Standort Justizvollzugsanstalt

Wenn er nicht g´rad ins Bad gereist.
Gelegentlich kommt er mit Dame,
So Genre National und Keck,
Er liebt sie treu, er liebt sie innig,
Doch niemals ohne Nebenzweck.

Das Caféhaus ist ihm dasselbe,
Was sonst der Klub dem Gentleman,
Dort fühlt sich wie ein Fisch im Wasser
Die umgekehrte Upper-ten.
Doch tritt ein Kriminalbeamter
Ins Café, so von ungefähr,
Dann ist in ein bis zwei Minuten
Das ganze Café Schieber-leer.
Auch nicht ein einz´ger bleibt dann sitzen,
Der ehrlich sich durch´s Leben schiebt,
Und der als Asra-Antipode[126]
Zu leben anfängt, wenn er liebt.

Hannchen

Allein die Liebe kann Vergnügen stiften,
Und keine Liebe macht auch kein Pläsier,
So dachten Adam, Noah und auch Robl
Und gingen deshalb gar zu gern zu „ihr".
Adam zu Eva, was ja weltbekannt ist,
Und Noah zu Frau Noah – wie du weißt,
Und Robl ging, na, nennen wir sie Hannchen,
Schon aus dem Grunde, weil sie Hannchen heißt.
Die lernte er an einem Freitag kennen
In einem Café Unter´n Linden hier,
Ein süßes, schönes und so liebes Mädel,
Und Sonntag nahm er Abschied erst von ihr.
Zur Rennbahn eilt´ er mittels Taxameter,

---

[126] Der Asra – Gedicht von Heinrich Heine

Dort rannt´ er Dauer mit Benzinmotor
Und wurde unter Vieren glücklich Letzter,
Denn so was kommt zuweilen öfters vor.

Alexander Otto Weber

Erotika

Gesammelte Satiren, 1903 – 1913 (Band III)

Aus dem Altdeutschen übertragen und mit Fußnoten versehen von
Steffen Schulze

Also dachte auch Herr Meyer,
Der – man kennt die alte Leier –
Wollte noch mit siebzig Jahren
In die zweite Ehe fahren.
Heimlich kaufte er im Stillen
Echte span'sche Jugendpillen
Und aß täglich siebzehn Eier
Für die spätere Frau Meyer,
Denn er dachte, dass als Gatte
Er so etwas nötig hatte.

(aus „Die Jugendpillen")

Herstellung und Verlag: BoD – Books on Demand, Norderstedt

ISBN: 978-3754351482

Alexander Otto Weber

Wenn Mars regiert!

Neue Satiren, 1917

Aus dem Altdeutschen übertragen und mit Fußnoten versehen von
Steffen Schulze

Erschreckender Weise haben die Satiren des Alexander Otto Weber
auch über einhundert Jahre später nichts an Aktualität verloren!

Das Völkerrecht, das hohe Recht,
Das die Kultur uns hat beschert,
Ist theoretisch gar nicht schlecht,
Nur praktisch hat es keinen Wert.
Denn, ist geschützt dadurch in Frieden
Der Bürger, sagen wir zur Not,
Nützt ihm das leider nichts hienieden,
Schlägt ihn der Feind im Kriege tot.
…
Denn jenen, der hat sterben müssen,
Lässt hinterher der Trost sehr kühl,
Dass ihn die Bombe nur zerrissen,
Weil gegen's Völkerrecht sie fiel.

(aus „Das Völkerrecht")

Herstellung und Verlag: BoD – Books on Demand, Norderstedt

ISBN: 978-3754384817